# 乡村教育教学管理理论研究与实践

张海珍　著

山西出版传媒集团

山西人民出版社

图书在版编目（CIP）数据

乡村教育教学管理理论研究与实践/张海珍著. --
太原:山西人民出版社，2024.3
ISBN 978-7-203-13310-0

I.①乡... II.①张... III.①乡村教育-研究-中国
IV. ①G725

中国国家版本馆 CIP 数据核字(2024)第 067952 号

**乡村教育教学管理理论研究与实践**

策　　划：山东瑞天书刊有限公司
著　　者：张海珍
责任编辑：孙　茜
复　　审：贾　娟
终　　审：梁晋华
装帧设计：瑞天书刊

出 版 者：山西出版传媒集团·山西人民出版社
地　　址：太原市建设南路21 号
邮　　编：030012
发行营销：0351-4922220　4955996　4956039　4922127（传真）
天猫官网：https://sxrmcbs.tmall.com　电话：0351-4922159
E-maill ：sxskcb@163.com 发行部
　　　　　sxskcb@126.com 总编室
网　　址：www.sxskcb.com

经 销 者：山西出版传媒集团·山西人民出版社
承 印 厂：济南文达印务有限公司
开　　本：710mm×1000mm　　1/16
印　　张：11
字　　数：170 千字
版　　次：2025 年 5月 第1版
印　　次：2025 年 5月 第1次印刷
书　　号：ISBN 978-7-203-13310-0
定　　价：58.00 元

如有印装质量问题请与本社联系调换

# 前　言

　　教育是一个国家发展的基础，是推动社会进步的主要动力，也是衡量一个国家发展水平和社会文明的标志之一。乡村教育作为国家教育体系的重要组成部分，在经济全球化和教育国际化的大背景下，地位和重要性日益凸显。然而，城乡教育资源的不均衡、教育理念的落后与教学方法的陈旧，却成为制约乡村教育发展的瓶颈。在这样的背景下，乡村教育教学管理的研究与实践显得尤为重要。

　　本书旨在深入探讨乡村教育教学管理的理论和实践，以期为乡村教育的改革与发展提供有益的思路和方案。我们希望通过本书，唤起更多人对乡村教育的关注，引导更多的人才投身于乡村教育的实践中，共同为乡村教育的振兴贡献力量。

　　本书分为教育管理基础篇、教育管理现实篇和教育管理实践篇。通过系统阐述乡村教育教学管理的基本理论、发展历程、体系建设等，探讨乡村教育教学管理的理论基础和实践依据，以期为读者提供一个宏观的视角。在此基础上，结合中国乡村教育的实际情况，通过案例分析、实地考察等形式，深入剖析乡村教育教学管理的现状和问题，并从教育资源整合、师资队伍建设、教学质量管理、学生全面发展等多个角度提出针对性的解决方案。

　　乡村教育教学管理是一个复杂而庞大的课题，本书只是其中的一个探索和尝试。我们希望通过本书的抛砖引玉，引发更多的思考和研究，共同推动乡村教育的进步和发展。

　　社会的进步和繁荣，人的全面发展，都呼唤乡村教育加快发展步伐、提高发展质量，真正承担起时代使命，为实现中华民族的伟大复兴梦、构建社会主义和谐社会助力加油。本书作为一部探索性的学术著作，仍有许多疏漏和不足之处，恳请同行专家、学者及广大读者批评指正。

# 目　录

# 教育管理基础篇

# 教育管理学是什么

## 一、相关概念

### （一）管理

作为人类社会最基本的需求之一，管理是组织为了更好地实现其目标而采取的一系列协同行动，一般包括计划、组织、指挥以及激励、协调和资源分配等。管理很大程度上依赖于他人的协助，需要借助他人来完成特定任务。管理始终朝着既定目标努力，而实现这一目标又是所有管理工作的首要任务。工作效率的提高对于管理效果的考验至关重要。管理按照所涵盖的范围可以划分为多种类型，例如行政管理、经济管理和社会管理，还有市政管理、卫生管理、工商管理等。

### （二）教育管理

教育管理是指在一个国家或地区的政治、经济和文化环境的限制下，由教育管理部门的价值观念指导，运用科学手段对其辖区内的各级各类教育组织展开预测、规划、组织、指导、监督和协调的过程。其目标是激励和约束教育资源的使用，充分利用这些资源，优化分配，提高教育质量，提高办学效率，确保教学秩序稳定，改善学校办学条件，推动教育事业的发展。从管理的角度来看，教育管理涉及教育行政部门和学校为了实现教育目标和培养目标，充分调度各种资源，进行计划、组织、协调和控制等系统化的活动。

### （三）教育管理学

教育管理学是以教育管理现象为研究对象的一门社会科学。其中，教育管理现象是教育管理学的研究对象，社会科学是教育管理学的学科性质，谋求教育管理改进之道是教育管理学的学科使命，研究方法则是认识和理解教育管理现象并谋求其改进的基础。

教育管理学的学科使命是指教育管理研究者就本学科的研究而言所应承担的社会和历史责任。基于此，根据教育管理学的学科定位，教育管理学的最终任务应该是寻求提高教育管理水平的途径。根据教育管理的客体特征，可以将其分为广义和狭义两种类型。广义上来说，教育管理学将全国范围内的教育管理作为自己的研究对象。而狭义上的教育管理则将某一类学校组织作为研究对象。

## 二、教育管理的特性、内容和意义

（一）教育管理的特性

教育管理指的是教育管理行为的产生受到教育组织（如学校和其他教育机构）、个人（教职工和学生）以及环境（社会子系统）这三个方面因素的影响。这三个方面相互作用，构成一个整体，最终的结果是它们共同发挥作用。

1.系统性

系统性强调教育组织及其内部要素与外部环境之间的统一关系。在教育管理中，协调好教育组织、教育对象（如学生）与外部环境（如社会经济发展）的关系至关重要。举例来说，课程改革需要综合考虑学生的身心发展特征以及社会经济的实际需求。如果只关注经济发展，可能会造成课程设计与学生实际情况脱节，导致过重的课业负担；而如果过于侧重学生的个体特征，可能会忽视社会和经济发展的需要，使学生对现实世界的认知不足。有效的协调能够推动教育机构的发展，反之则可能产生不利影响。通过全面考虑这三者的关系，教育管理者可以设计出更符合实际需求的教育方案，实现教育的优化与可持续发展。

## 2.互动性

互动性在教育系统中突出了各组成部分之间的相互依存关系。例如，资金短缺不仅会直接影响教育品质，还可能引起教师队伍素质的下降，这反过来会影响学生的学习成效和未来的人才培养质量。在这种情况下，教育系统内任一要素的变动（包括资金、教育品质、人才培养等）都可能触发其他要素的相应变化，从而形成一个动态平衡的体系。因此，在调整和管理教育资源时，必须综合考虑各要素间的相互作用，以达成教育系统的全局优化。

## 3.开放性

开放性教育理念强调，教育机构及其成员与社会环境共同构成了一个互动系统。在这个系统内，教育机构与个体成员之间不仅相互作用，而且它们也受到外部社会环境的影响。因此，教育机构与社会环境之间的相互作用会产生特定的效应。以规范学生行为为例，必须考虑社会环境的影响，包括家庭背景、社区文化和社会价值观。通过分析这些因素，教育机构可以制定有效的规章制度，采取相应的教育措施，以引导学生朝向积极的行为模式。这种双向互动不仅促进了学生的发展，也增强了教育的针对性和有效性。

## 4.整合性

所谓整合性，是指在特定条件下，教育组织、教育组织成员以及社会环境三者之间能够达到最优状态。教育管理者若能针对这三种最佳状态进行精细化管理与优化，便能够实现效益最大化的目标。

### （二）教育管理的内容

教育管理内容，也就是所要管理的事务和事宜，主要有以下几个方面。

## 1.课程与教学管理

在教育管理中，课程和教学管理是核心，而其他活动主要围绕课程和教学展开。课程和教学管理的重点包括以下方面：确定教育方针，设计课程，制定教学计划；组建班级，管理学生学籍，准备课程材料和教学工作；负责考试和成绩管理，管理教育和教学科研等。

2.学生管理

学生管理工作既要关注学生的成长和发展，又要强化对学生的管理。学生管理的具体内容包括：入学管理、学习管理、课外活动管理（包括课外学习、娱乐、体育和志愿服务活动等）、生活管理、卫生与安全管理，以及学生自我管理。

3.教育人员管理

教育人员可以分为三种类型：第一种是教育行政人员，第二种是学校管理者，第三种是教师。教育人员的管理主要包括制定教育人员的专业标准，培养教育人员，任用教育人员；对教师进行考核，评定教师的薪酬，以及继续教育的管理。

4.教育财物管理

教育财物是进行教育教学和管理工作的重要物质基础。如果没有财物的支持，所有的教育教学和管理工作都将无法开展。教育资源的使用是指有效地利用和管理教育资源的过程，是实现教育资源的有效利用的关键途径。这包括教育经费的使用、教育设施的管理以及教育用品的管理等方面。

（三）教育管理的意义

教育管理以培养人才为目标，将提升教育质量作为核心任务，旨在协调解决教育过程中出现的矛盾和问题。因此，对学校的教育经营具有重要的现实意义。

（1）加强人们对教育的理解，有助于政府对教育的有效管理。

（2）教育管理是促进教育协调发展的必然要求。

（3）在合理规划和利用教育资源的前提下，进行教育经营活动势在必行。

（4）为提供更好的教育服务，加强对教育的管理是当务之急。

## 三、教育管理学的学科性质、学科使命和研究方法

（一）教育管理学的学科性质

教育管理学是一门研究教育管理活动和规律的学科，教育管理学的性质可以从以下三个方面理解。

1.教育管理学是一门社会学科

教育，作为一种社会现象，其存续与进步深受社会条件的影响。而教育管理，指的是在特定社会背景下，采取适当策略以激发和优化教育的管理与控制。教育管理学与众多相关学科之间建立了广泛而紧密的联系，这些联系涵盖了与更高级别学科的关联、与同等级别学科的互动，以及与下属学科的联系。

2.教育管理学是一门交叉学科

教育管理学融合了教育与管理的领域。它主要探讨如何综合运用各种因素来提升教育的质量和效率，遵循教育的内在规律进行科学管理，并对这些影响因素进行周密的计划、组织、指导、协调和控制。自 19 世纪末期以来，教育管理学作为一门新兴学科，始终与教育学的发展同步。它依托于教育实践者的经验，通过提炼和总结这些实践经验，以教育家的管理理念为分界线，划分了教育管理的不同历史阶段，并形成了一个持续有效的教育管理经验研究模型。教育管理既是特定的职业活动，也是管理科学领域的一个重要分支。

3.教育管理学是一门人文学科

教育管理的中心是人。在现代教育管理的进程中，将人置于核心地位的理念，不仅代表了教育管理发展的一个关键时期，具有历史性的意义，而且构成了现代教育管理理论体系的核心。教育管理学视人为教育管理活动的主导者，同时也将其作为管理的目标，特别强调了教育管理中人与人之间的"互主体性"或"主体间性"，并深入探讨了教育管理

者的人性特点。研究的范围包括基本人性（人类普遍的自然和社会属性）、民族人性（特定民族或国家的群体人格特征）以及特殊人性（每个人独特的个性品质）。同时，教育管理学还研究了这三者如何结合的人性假设、人性满足和人性培养等问题。换言之，教育管理学是一门研究人的个性、尊严、价值、精神和行为的学科。

（二）教育管理学的学科使命

"探索教育管理的改进路径"构成了教育管理学的核心使命，具体而言，这一使命体现在两个主要方面。

1.提升教育管理学的理论水平

提高教育管理的理论水准是实现其最终目标的关键。如果缺乏高质量的研究和理论支持，教育管理学难以深入理解和推动实践。为此，我国的教育管理学者应关注学科建设、学会组织建设、科研人员素质提升、研究方法的完善以及学术期刊的质量提升，以全面提高研究质量和理论水平。

2.推动教育管理的变革和发展

要促进教育管理的改革与发展，需要重视以下三个方面：首先，对教育管理学进行科学的价值引导；其次，要提供制度的改革所需的理论支持；第三，要为改革学校的办学体制打下实践基础和理论依据。

（三）教育管理学的研究方法

教育管理学的研究方法指的是教育管理研究者在对教育管理实践和理论进行认知和探索的过程中所采用的方法论、方式、技术和手段的综合体。该系统涵盖三个层面，即研究方法论层面、研究方式层面和研究技术与手段层面。这三者相互影响，关系密切。

教育管理学研究的方法论有：教育管理科学论；教育管理主观论；教育管理价值论；教育管理批判论；教育管理整合论。

教育管理学研究的方式有：思辨研究方式；实证研究方式；实地研究方

式；历史研究方式。

　　教育管理学研究的方法技术有：文献回顾的方法技术；资料搜集的方法技术；资料分析的方法技术。

# 教育管理要经过怎样的过程

教育管理过程指的是基于一定的原理和方法，为了更高效、更合理地实现管理和教育目标，对教育人员和教育事务进行组织与协调的过程和程序。通过这个过程，教育管理能够实施与目标相关的管理功能，以达到更好的管理效果。

首先，教育管理是一个工作过程。其工作过程一般可划分为规划、实施、检查和总结四个阶段。规划是指为实现既定目标而确定的内容、方式和方法；计划日程和人事安排。实施指的是遵照预先制定的计划，并与工作过程中的实际情况相联系，将教育人员的工作热情进行激发，对其工作方法和工作技能进行标准化和提升，充分运用教学资源，使教学效果达到预期目的。检查指的是将预先制定的规划和教育工作的基本要求进行对比，从而对各项工作的完成情况以及有关的教育工作人员的工作态度、工作能力与工作成效等进行检验。总结是根据规划的最终执行和相应的结果，对管理工作进行整体评价和综合分析的过程。它不仅是当前教育管理流程的结束，同时也是新一轮教育管理流程的起点。

其次，教育管理是一个社会过程。社会过程是人们相互交流、相互影响的过程。从管理的角度来看，教育管理的过程虽然涉及人与事物之间的关系，但人与人之间的关系才是最根本的。只有解决了人际关系的问题，其他问题才能得到解决。在教育的意义上，教育是师生之间的一种沟通与对话。与此相对应的是，教育管理具有高度的社会互动特性。注重人与人之间的良好互动不仅是教育管理工作的目的，也是其方法。

# 一、教育管理过程的特点

（一）教育管理过程的一般特点

教育管理过程的一般特点有以下几个方面。

1.顺序性

教育管理过程基于一定的程序和步骤进行，按照计划、执行、检查和总结的次序进行。先有计划，然后执行，接着进行检查，最后总结。

2.循环性

从发展的角度看，教育管理过程是一个无止境的循环，但从局部来看，每个过程都有一个完整的周期。它以螺旋上升和逆向循环的方式不断发展。

3.动态性

教育管理过程中，环节与环节、流程与流程之间相互联系和影响。同时，由于外部环境的变化，也会对其进行相应的调整。

4.控制性

教育管理流程具有可控性，管理者可以进行事前预测、事中调整和事后补救，以计划或缓冲管理流程中发生的变化。这样可以找到新的机遇和空间。

5.完整性

学校教育管理工作的质量直接影响到成效。一个完整的管理流程需要具备多个方面的完整性。如果计划存在问题，即使实施得再好，也无法达到预期目标。相反，即使有合理的方案，但实施不到位，也无法实现目标。另外，如果检查和总结缺乏科学性和公正性，也会影响对教育管理过程成效的理解和评判。

（二）教育管理过程的独特性

教育管理过程的独特性包括以下几个方面。

1.教育管理过程是一种以人为中心的互动过程

在一般企业管理过程中，最终目标是物，其管理过程遵循着"人（管理者）→人（职工）→物"的基本模式。而教育管理过程的核心是人，其管理过程的基本模式是"人（管理者）→人（教职工）→人（学生）"。尽管教育管理过程也与物有关，但它的主体是人，它是由人主导的互动过程，而不是以物为对象的生产过程。

2.教育管理过程与学生的身心健康发展过程相结合

教育管理服务于教育教学活动，服务于学生的发展，而学生的身体和心理发展具有顺序性、阶段性、不平衡性和差异性等特征。教育管理的流程必须从理解和遵循学生身体和心理发展的过程出发，然后考虑如何设计和实施管理工作流程。

3.教育管理过程是一种自我约束和自我调整的有机结合

在教育目标的实现和教学过程的执行中，教育活动存在一定的模糊性，缺乏明确的标准，也难以进行全面的量化。这对管理流程的控制提出了挑战。然而，这并不意味着无法进行调控，而是强调调控要与自主性相结合，倡导在控制中保持一定的自主性。

## 二、教育管理过程的任务

教育管理者在管理过程中需要承担的主要任务有领导、计划、决策、组织、沟通、激励、评价等。

"领导"是指引导、激励和影响组织成员以实现共同目标的过程。它被视为一种影响力，其基础包括职位、经验、个性特征和能力等权力因素，以及非权力因素，如知识和情感。通过影响力，领导者能够吸引组织成员并获得他们的信任，使他们认同和接受组织的发展方向和目标，并激发他们以积极的态度为实现共同目标而努力工作。

"计划"是与决策密切相关的管理工作，它与其他管理工作有所不同，其最终成果通常以文件或一组文件的形式呈现。同时，计划可以分为长期计划、中期计划和近期计划，高层计划、中层计划和基层计划，整体计划和局部计划，一次性计划和常规性计划等多种类型。

"决策"指的是在比较和选择各种方案之后，确定要采取的行动和实施方式。它不仅在制定教育和学校机构的发展战略中起到了重要作用，还贯穿于所有教育行政工作的方方面面。

"组织"指的是以组织的目标为中心，通过具体的规划、人员和物资的协调安排，对事物和它们之间的关系进行有效管理。组织工作主要包括两个层面：一是建立和完善基本的组织结构，明确部门设置、层级关系和职责制度，进行任务分工，明确人员的职责和权限。二是基于组织结构，通过能力调查、意愿分析和情感交流等方面，对组织内的人员进行分析，提供业务指导，并合理分配资源，以提高效率。

"沟通"是指清晰准确地表达信息，进行及时有效的信息交流，并达成一致认知的过程。在教学和行政工作中，沟通可以采用语言和非语言的方式，可以是正式或非正式的沟通，也可以是组织层面或个人之间的沟通。

"激励"指的是运用相关要素和适当手段，有效地调动和维持组织成员的工作动力和主动性。组织成员的工作动机主要体现在努力程度、持续时间和工作导向三个方面。对于组织中的成员来说，工作的本质和使命对其工作动机有较大影响；工作环境的硬性和软性因素、薪酬待遇和福利、工作绩效和荣誉，以及职称和职务的晋升等也会对工作动机产生影响。

"评价"是对事件和现象进行仔细分析，审视工作中的得失并指出下一步的努力方向。在评价相关人员培养质量时，应基于客观事实，依据相应的标准，并运用科学的方法。

# 教育管理学科体系如何建设

教育管理学科体系是对教育管理学科的研究范围和内容的确定，它包括教育管理学科总的范围、内容体系和教育管理学科分支学科的构成及体系。

## 一、教育管理体系的构建

建立比较合理的教育管理学体系应注意以下内容。

### （一）在结构上注意学科分化的同时，还要注意学科的综合

目前，我国的教育管理学虽然已经分为多个专业，但它仍具备整合多个专业的功能。教育管理学研究的对象主要涉及教育经营中的基础性或共性问题，如学科性质、研究对象、研究目标和研究使命等。其中，教育行政规划和决策问题是重要的研究内容，包括教育行政制度和机构人员等方面的问题。另外，教师及其在教学中的作用以及高校办学中存在的制约问题也是研究的重点。在此基础上，对高校的教学工作进行系统研究，并提出相应的对策。

教育管理学的理论体系可细分为三个层次：基础理论、应用理论和层次理论，同时涵盖四种技术方法。基础理论课程着重于探讨教育管理的基本、综合或普遍问题；应用理论则专注于分析教育管理在各个领域的具体问题；层次理论则针对教育系统内不同层级的管理问题进行深入研究；技术方法类则详尽阐述了教育管理的技术和方法问题。

表 1　教育管理学科体系的分类

| 类别 | 具体内容 |
| --- | --- |
| 基础理论类 | 教育管理原理、比较教育管理学、教育政治学、教育管理伦理学、教育经济学等 |
| 应用理论类 | 教育行政学、教育法学、教育政策学、教育发展与规划、教育督导学、学校管理学、学校领导、学校组织、学校人事、学校决策学、教学管理、班级管理、课程管理、学生管理等 |
| 层次理论类 | 基础教育学、高等教育管理学、职业教育管理学、成人教育管理学 |
| 技术方法类 | 教育测量、教育评价、教育管理技术、教育统计、教育管理研究方法等 |

（二）在方法上注意把实验研究和理论研究结合起来

教育管理学是一门实践导向的科学，它要求将实证研究与理论分析紧密结合，以实证研究为根基，对理论进行检验和修正。因此，教育管理的论证必须严谨，实验必须科学，理论必须可验证，即必须增强研究的规范性和科学性。每一项教育管理学研究，都应精心挑选研究问题、研究方法和文献资料；构建假说，并对这些假说（无论是实验性的还是理论性的）进行严谨的论证，最终形成结论。这样，每个研究都应具备创新性，从而推动教育管理学的进步。

（三）在知识上把普遍性与特殊性结合起来

尽管人类的教育管理实践具有普遍性和共通性，教育管理学构建的知识体系中包含了许多具有普适性的内容。但这并不表明全球各国的教育管理理论和知识完全一致。实际上，由于教育管理是在特定文化背景下进行的，每个国家的教育管理理论都不可避免地融入了本国的文化特色。正是这些独特性赋予了教育管理多样性和丰富性，使其展现出五彩斑斓的面貌。

（四）在科研管理上重视质量而不是数量

学术兴盛的主要标志之一是涌现出众多的名家和形成众多学派。在改革开放的四十多年里，我国人文社会科学取得了巨大的发展，然而却尚未真正涌现出具有"大师"级别的学者，也未形成具备独到见解的学术流派。教育管理学科及其他社会科学的发展需要一种宽松的学术氛围，同时也需要改变当前以发表论文数量衡量社会科学研究成果的评价体系，避免过度追求发表论文而牺牲研究者的创造力。因为科研成果的多少并非最重要，关键在于其独创性和质量。

（五）以问题为中心建立学科体系

教育管理学的核心在于解决教育管理中的实际问题，构建学科体系时需关注问题的选择与分类。根据所涉及的经营领域的不同，可以将其分为宏观经营和微观经营两类。根据涉及的范畴，教育行政问题可分为普通行政问题和特别行政问题。作为教育管理学科群中的一个基础分支，教育管理学的系统构建可以依据教育管理的程序问题或元素问题来进行。从过程的角度审视，教育管理学的研究范畴涵盖了教育管理的规划与决策问题、教育管理的体制与组织问题、教育管理的人力资源问题、教育管理的领导与激励问题，以及教育管理的控制问题。本质上，它与领导问题、组织问题、人事问题和事务问题紧密相连。

教育管理学科体系建设的依据主要有以下几个方面。首先，对教育行政专业系统的内部构造进行了合乎逻辑的思考。其次，根据实际需求，进行了教育管理学的理论与方法的探索与构建。理论应来源于实践并服务于实践，因此，教育管理学科体系的建设必须考虑到我国教育发展的需要，从提升我国教育管理的质量和效率入手。第三，将我国的教育行政专业系统放置在全球范围内来审视。我们在教育管理学方面的研究相对较弱，需要与国外的教育管理学学者展开对话与交流，吸收各国的优点，并结合中国的特色，构建一个符合中国国情的教育管理学学科体系。

## 二、教育管理的体系框架

教育组织作为一个开放系统，按照系统的结构和职能，把教育管理学科体系建构为包含教育管理学基础、教育组织系统和教育管理过程三大部分内容的体系。

（一）教育管理学基础

这一部分是关于教育管理的基础理论的论述，其中包含了教育管理的概念、研究对象、学科性质等几个方面。同时，涉及教育管理学的研究方法、学科知识基础、学科分类等内容。教育管理的概念是对什么是教育管理作出定义。对教育管理的学科属性进行探讨，旨在认识教育管理的基本属性，以及它与其他科学之间的关系与区别。在确定了课题的目标和属性后，需要对课题所需的基本知识进行分析。要从理论层面对教育管理进行了探讨。而对研究方法的探讨，则是为了阐释和阐明在教育管理中应该采用何种研究方法。此外，还要从历史的视角分析教育管理的发展历史、现状以及未来的发展方向。

（二）教育组织系统

教育组织系统主要研究教育组织的概念、类型和结构，涵盖其构成要素、发展及学习等方面。理解教育组织的开放性，能够帮助区分其与其他类型组织的相似性和差异性。此外，明确不同种类的教育组织并进行分类介绍，有助于理解其架构，涉及人员、权力、制度和文化等元素。为确保教育组织的持续发展与活力，必须强化其内部素质和外部响应能力。

（三）教育管理过程

教育管理本质上是探讨其基本职能的学科。从管理科学与教育管理的视角出发，教育管理涵盖了决策、领导、激励、沟通和控制等多个环节，共同构成了一个统一的整体。

教育决策的制定是教育管理的基础，体现了管理目标的具体化。广义上，教育决策涵盖教育法律、教育政策、教育计划、教育策略及教育决定，而狭义上则专注于具体教育组织的决策过程。在这一过程中，法律和政策属于环境研究的问题，而具体决策则需依靠领导的推进和执行，通过权力和影响力激励下属，实现管理目标。

在教育管理中，激励作为一项管理策略至关重要，能够有效保证员工留在组织并积极工作。沟通则是组织成员之间合作的前提，需通过多种策略增强相互理解与和谐。控制环节同样不可或缺，它确保组织及成员行为符合决策目标，为新的管理循环打下坚实基础。

# 教育管理的基础理论知识

## 一、泰勒的科学管理理论

弗雷德里克·温斯洛·泰勒（Frederick Winslow Taylor）一生积累了非常丰富的管理经验。从 1880 年起，泰勒对钢铁企业的经营方式和工作时间进行了系统的分析和研究，逐步发展出了"科学管理"和"泰勒制"这两种经营理念。

科学管理理论的重点是对劳动者和他们的工作进行研究。泰勒认为，通过科学分析，我们可以合理选择劳动方式，建立高效的劳动生产率，增强劳动者的技能和能力，以及提高工作效率。科学管理学的核心思想包括以下几个方面：

（1）提高劳动生产率是科学管理的核心；

（2）挑选最优秀的员工；

（3）学会规范化操作；

（4）实施激励型薪酬体系；

（5）实现劳工与雇主之间的协议或折中；

（6）分离规划功能和实施功能，将经验式的工作方式转变为科学式的工作方式；

（7）实施专职领班制度；

（8）对本组织的管理和控制采取例外的原则。

## 二、法约尔的一般管理理论

亨利·法约尔（Henry Fayol）是法国古典管理理论的典型代表。他的一般管理理论是管理过程学派的理论基础，并对后来各类管理观和管理理论产生了深远影响。

法约尔对管理的深入研究使其提出了 14 条管理原则，强调了管理的多方面性。这些原则涉及劳动分工、权力与责任、纪律和统一指挥等，为企业的有效管理提供了理论支持。特别是法约尔强调集体利益、员工公平和首创精神的重要性，表明良好的管理不仅依赖于结构和制度，也依赖于人与人之间的关系与激励机制。通过实施这些原则，企业可以促进内部团结，提高效率，确保可持续发展。

## 三、人际关系理论

乔治·埃尔顿·梅奥（Elton Mayo）一生的贡献很多，影响最大的是他主持的霍桑实验。梅奥的人际关系理论强调了员工在工作环境中的社会和心理需求的重要性，指出员工的认同感和归属感对劳动效率的影响超过物质条件。理论认为，员工的个体特征和非正式组织的存在对行为和管理效果有重要作用。通过满足员工需求，管理者可以有效激发劳动热情，提高生产率。同时，良好的沟通渠道和民主的领导方式被视为实现有效管理的关键。该理论为现代管理实践提供了重要的人性化视角，强调了员工在组织中的多重身份及其对整体绩效的影响。

## 四、行为科学理论

行为科学是一门综合性的学科，专注于研究人类行为的根源及其影响因素，其目的在于激发个体的积极性与主动性。作为一门科学，行为科学具有广义和狭义之分。狭义上的行为科学特指组织行为学，而早期对人际关系的探讨亦归于这一范畴。在本文中，我们将重点介绍一种代表性行为科学理论——学习型组织。

学习型组织的核心在于激发每位成员的创造力，并致力于营造一个积极的组织学习环境，以便通过学习促进个人与整个组织的共同成长和利益。其目标不仅限于阐述一个组织如何获取和运用知识，更关键的是向人们展示如何构建一个持续学习的组织。。

学习型组织具备五个鲜明特征：首先，它拥有一个得到全体成员一致认同的共同愿景；其次，它摒弃了陈旧的观念和行为模式，打破了固有的思维框架；第三，它采用系统性思维，深入分析和理解组织内部各组成部分之间的相互作用；第四，成员之间保持开放和诚实的沟通；最后，成员们愿意放下个人和小团体的利益，致力于实现组织的集体目标。

凯伦·沃特金斯（Karen Watkins）与维多利亚·马斯克（Victoria Marsick）共同构建了一套包含七项行为准则的学习型组织模型，该模型适用于各类学校在建立和改革学习型组织时的参考。这七项行为准则具体包括：不断创造学习机会；推动质疑与对话；鼓励合作与团队学习；建立学习捕捉与分享的机制；致力于实现共同愿景；将组织与外部环境相连接；以及从战略层面引领学习。

# 管理理论对教育管理有哪些影响

管理理论的演进，从古典理论到人际关系理论，再到行为科学理论，实现了三次关键性的跃进。每一次的演进都对教育管理领域产生了显著且不容忽视的影响。

## 一、科学管理理论与教育管理

科学管理理论，作为 20 世纪初期最具影响力的管理思想之一，其核心理念——效率至上——对教育管理领域产生了深远的影响。

### （一）教育效率观的引入

科学管理理论强调效率提升和成本降低，这一理念逐渐融入教育管理实践。学校被视作企业，目标是通过最优化投入实现教学效果的有效输出。为此，教育工作者借鉴企业管理策略，采取诸如教师选拔、班级规模扩大、增加教师授课时数、实施教学分工以及降低教育成本等措施，旨在提高教学效益。这些举措不仅节省了教育经费，还提升了整体教育生产率，体现了管理理论在教育领域的应用价值。

### （二）教育标准化运动

泰勒的标准化理念对教育行政工作产生了深远影响，20 世纪初，美国及其他西方国家在此理念的指导下实施了一系列标准化措施。学校通过提供标准工作手册和评价准则，不仅明确了教师的聘任条件，还为教学支持制定了相应的操作标准。这一系列的标准化改革使得学生管理和勤工俭学等流程得以规范化，促进了学校经营活动的科学化进程。

（三）教育测评运动

泰勒的科学化经营理念主张制定标准、提升效率，并要求通过某种考核来实现。在科学管理理论的指导下，教育考评在 20 世纪早期开始出现和发展，并形成了与之相关的教育测量和评估活动，如学生入学率、学生升学率以及教师的教学效率等。

（四）双部制轮换教学制度

双部制轮流授课模式通过将教学、活动和实验相结合，促进了学习的多样性和实践性。在这种模式下，学生被分成若干小组，在校园的不同区域进行各类活动，并定期更换地点，以增强参与感和探索性。这种方法借鉴了科学管理理论，充分利用了教育设备和资源，提高了教学能力和装备的整体利用率，形成了更高效的教学环境。

泰勒的科学管理理论在美国教育管理中发挥了显著作用，使学校管理更加高效，推动了制度化和标准化进程，提升了教育生产率。然而，这一理论在实践中引发了一系列问题，尤其是对教育本质的人文主义价值的忽视。将教育管理简单地视为企业经营模式的延伸，可能导致管理者失去教育决策的有效性，教师的专业性被削弱，学生的全面发展被忽略，变成了被生产和包装的对象。这一转变引发了教育工作者和学生的抵触情绪，强调了在教育管理中应更加关注人文价值与个体发展的重要性。

## 二、人际关系理论与教育管理

人际关系理论对教育管理领域的影响体现在其倡导的民主管理理念上，强调满足员工作为社会个体的多元社会和心理需求。该理论在教育管理中的应用始于 20 世纪 30 年代，为学校的教育管理提供了重要的指导原则。具体而言：

必须重视非正式组织在学校中的作用,将其视为学校不可或缺的一部分,并通过沟通与协调,解决正式与非正式组织之间的冲突和目标差异。

在职场环境中,应致力于优化教师间的人际关系,满足他们作为社会成员对安全感、归属感和自尊等社交及心理需求。

提倡教师参与学校教育管理,构建校长与行政人员之间的高效沟通机制,共同讨论决策事宜,提出制定规范的建议;反对专断,推崇民主决策过程。

注重教学过程的民主化,激发学生的积极性和主动性,赋予他们更多的自主权,充分展现他们的主体性。

强调民主监督的重要性,对教师的教学活动应给予充分信任,避免不必要的干预。同时,教师也应拥有向上级提出建议和意见的权力,即教师对管理层进行民主监督的权利。

## 三、行为科学理论与教育管理

行为科学管理理论对教育管理领域的影响可追溯至 20 世纪 50 年代。该理论对教育管理的影响主要体现在以下几个方面。

（一）教育管理研究的多维视角

行为科学理论具有鲜明的综合性特点,它融合了人类学、社会学和心理学的丰富知识,广泛涉及政治科学、经济学等多个领域。这一独特的理论架构,为教育管理者提供了跨学科的理论支撑,使其可以从人文、社会、政治等多维度视角出发,深入理解和分析教育管理实践。同时,基于经济学的深入研究,有助于提升教育管理理论的理论高度,突破传统教育与学校管理的局限,拓展至涵盖课程设置、人才培养等更广泛的管理层面。

（二）教育管理研究的实证方法

以往的教育管理研究多以实践为导向,侧重于探讨管理者应采取何种行动，却忽视了对现实情境的深入分析。而行为科学则不同，它通过实验的方式来研究人们的行为是如何产生的，为何会如此。在 20 世纪六七十年代，西方各国的教育管理学开始研究教师的动机、特点和行为，打破了以往的经验主义，为学校管理决策提供了科学依据。这种基于行为科学的研究方法为教育管理理论的发展带来了新的思路和方法。

（三）将学校视为一个开放的体系

行为科学领域认为，组织是一个开放的系统，高度重视学校内在要素与外在环境之间的互动关系。教育管理学者已经将学校视为一个开放的系统，将学校内部的要素与外部环境紧密联系，深入研究了社会、社区、家庭等环境要素对学校的影响，进一步深化了对学校与外部环境之间联系的理解。

# 现代教育管理理论演进的趋势

## 一、教育管理理论演进的特点

（一）不同理论流派相互吸纳，在融合过程中不断发展

教育管理的发展离不开从管理中学习和吸收管理理论。实质上，教育管理本身也是一种管理。融合和发展新旧教育管理思想的关键在于不断吸收新的管理思想。同时，积极吸收和融合各种管理学派，特别是不同理论学派之间的有益兼容，才能使现代教育管理理论成为一个更综合和多元的学术体系。

（二）在层级整合中批判、继承和提升

教育管理理论的演化是一种不断反省和批判的过程，涉及新理论、旧理论和多元理论之间的交流。尽管每个时期都有占主导地位的教育管理理论，但主流思想和其他学派之间存在相互继承的关系，而其他学派则对主流思想进行必要的补充。因此，不同的教育管理理论既存在矛盾，又相互补充。依据教育管理实践之迫切需求，应精心挑选并精细加工各类教育管理理论，深刻汲取其合理内核，以实现各理论体系间的相互兼容与结构性整合。此举将有力推动管理理论之整体创新，为我国教育事业的发展贡献力量。

（三）服务实践的过程中创新理论

教育管理理论发展的另一重要特征在于其服务于教育管理实践。在服务实践的过程中，不断进行理论的反思与修正，从而推动教育管理理论的结构集成创新，以满足时代发展的迫切需求。在理论与实践中，只有相互验证和检验，才能实现教育管理理论与实践的真正互动与融合，从而推动教育管理

理论的不断创新。这种相互促进的关系有助于提升教育管理的实践效果，并推动教育管理理论的不断进步。

（四）吸收、改造和运用一般管理理论

管理学是最根本的、最广泛的学科，也是整个教育管理理论的基石。纵观管理科学与教育管理理论的发展史，可以发现它们的进步是相互促进的，管理学的进步必然推动着教育管理理论的进步。

## 二、教育管理理论演进的未来趋势

教育管理理论的未来发展趋向主要表现为以下几方面。

（一）教育管理理论体系更加成熟

随着教育管理理论研究的不断深化和实际应用的需求，教育管理的研究范围不断扩大，教育管理理论的理念和学术研究体系也将日趋完善。教育管理学的内涵和外延将变得更加广泛。在这个基础上，我们需要进一步加强对教育管理学基本理论的研究，并借鉴其他学科的思维方式，加强对教育管理学原理的研究。同时，我们可以以此为依据进行内部整合，逐步构建一个更广泛、更具普适性的理论体系。

（二）教育管理理论和教育管理实践更紧密结合

首先，以现实的需求为导向，建立教育管理学研究的理论体系。注重实用性和实证性的科研传统将持续发展下去。根据教育管理的实际需要，对教育活动中社会所关注的重要问题进行探讨，以明确指导教育管理实践，这将成为未来理论研究的特色。其次，教育管理理论的发展不仅要吸纳不同的管理理论和技术，还将更加注重在实际工作中的整合和创新，并根据实际工作的需求进行进一步的发展和改进。

（三）教育管理理论研究国际化和本土化并重

世界上许多国家都面临着类似的问题，因此教育管理理论研究在学术上的交流和国际合作将日益增加，也将进一步走向国际化发展。在这个基础上，进行一系列的教育管理交流和合作。在教学和科研中，我们将运用跨国家的比较和系统分析等多种方法进行理论研究。不同地区由于其独特的教育问题导致了区域之间的不均衡。教育学必须立足于现实，寻求解决自身面临的问题的方法。

（四）多元性理论发展仍将呈强势趋向

在社会和教育的多元化发展以及时代的变迁中，教育管理理论面临着新的需求，需要构建一个更加开放、多样化、灵活且服务实践的理论体系。因此，多样化的学科发展、新的理论和管理思想将成为未来教育管理学发展的主流。教育管理研究将通过更加适宜的反思和批评方法推动管理实践的发展，而多样化的研究将为其在实践中提供更多支持，从而成为促进理论进步和教育实践变革的动力。

## 三、我国教育管理理论的现状与未来

从 20 世纪 80 年代至今，我国在教育管理研究方面取得了显著进展。无论是在著述与论文数量与质量、团队规模与结构，还是学术研究的深度与广度方面，都超过了过去的任何时代。经过 30 年的探索，我们已经初步形成了一个系统的教育管理理论体系。然而，与世界先进国家相比，我们的研究仍存在差距。目前的教育理论研究仍然存在理论与实践脱节的问题，无法满足实际教育管理的需求。科学培训和科学范式尚未完全形成，特别是在经验研究和多元化研究等方面，还远未达到科学化水平。大量的体悟、文献概括和哲学式演绎等思辨性研究方法导致教育管理研究缺乏科学元素，并且缺乏创新性，在许多方面难以有新的突破。因此，借鉴国外先进的教育管理理念，并结合中国优秀的教育管理理念进行传承，将是我国未来发展的方向，也是必然之举。

（一）理论研究本土化

在本国化的前提下，应该适当地学习和应用国外的教育管理理论。在进行研究时，应该立足于自身的教育管理实践，并深入探讨，以建立起自己的教育管理理论。

（二）理论研究范式综合化

在具体的教育管理研究中，需要将范式从以往简单的演绎归纳形式转向更加综合性的范式。研究者应该更多地关注教育管理中的难点问题和热点问题，并结合各种方法和理论来解答这些问题。同时，还应该对这些方法和理论进行深入的批判性思考，而不仅仅是在原有框架中进行修补。

（三）理论研究方法多元化

在研究中，需要运用实地调查、质化研究和系统分析等多种手段。同时，还应该加强对实验的关注，利用科学、精细、严格的实验方法，剖析教育管理行为的内部原因，从而深入了解其本质和规律。在方法论上实现教育管理理论研究的突破，使用严谨的推理、可信的数据和实地的调研，以提供准确、严谨、可信度高且具有说服力的研究结果。这样可以为学生提供更好的学习目标。

（四）理论研究问题具体化

教育管理研究将更加重视将问题研究作为前提条件，探讨和解决我国深化教育管理改革实践中的重点、难点和热点问题，并为学校管理者在管理模式、方法手段等方面提供建议，以提高理论对实践的指导效果。主要包括以下几个方面：学校文化的建设、学校知识的管理、师生关系的构建、课程资源的管理、教师的专业成长、校长的领导艺术以及教师的民主参与。

（五）科学精神与人文精神结合

教育管理学的理论研究，应当在强调科学的同时，倡导人文的关怀。主要表现在：教育管理的社会价值取向；教育组织的非理性行为；组织文化期望值的作用；要注意到组织文化的多样性，其中就包括了人们在组织中的行为价值观，也就是在非理性的层次上，对人们的行为动机、道德、情绪等方面进行探讨。

# 教育管理现实篇

# 城镇化背景下乡村教师管理的相关概念界定

在推进城市化建设的伟大进程中，我们深刻认识到，城市小学教师管理的现状，很大程度上折射出乡村小学教师管理的未来发展方向。唯有通过深入的比较研究，回顾过去乡村小学教师管理的实践与经验，与审视当前城市小学教师管理的现实状况，才能更加全面而深刻地把握乡村小学教师管理的真实状况，并探索出切实可行的改进措施。

## 一、城镇化

城镇化是一个与社会发展紧密相连的概念，它主要涵盖以下三个维度：首先，是地域性的城镇化，即乡村人口和劳动力向城市区域的迁移过程。其次，是经济层面的城镇化，这涉及到非农产业的结构优化与升级转型。最后，是精神层面的城镇化，它涵盖了人们精神文化层面的转变，包括城市意识和城市文明的培育。在此，城镇化被视为一个综合性的背景，其中包含了人口的城镇化、城市形态的变迁以及经济层次的提升，这些要素共同构成了一个全面而深入的背景。然而，城镇化更侧重于其外在表现形式，即那些展现出"城市化"和"现代化"特质的精神风貌。

## 二、乡村小学

乡村小学这一概念可从两个维度进行理解：其一，它指的是专门为乡村学子设立的小学，即我们所称的乡村小学；其二，它泛指那些地理位置处于乡镇及村庄的小学，此类学校一般可分为乡镇中心小学与乡村小规模学校两大类别。受制于社会经济及文化等诸多因素的综合作用，不少乡村学校所在地的经济与文化水平已显著提升，部分城乡交界区域的乡村小学更是实现了从传统"乡村小学"向现代"城市小学"的跨越式转变。鉴于此，这些乡村小学的"在地教学"特色已日趋淡化，亦非本研究的核心关注点。本文所探讨的乡村小学，特指在城市化浪潮席卷下的乡村小学，它们涵盖着乡村地区的乡村小学，以及那些主要面向乡村儿童的小学，甚至包括在经济欠发达地区和城乡交界处的乡村小学。

## 三、教师管理

教师管理是由相关教育主管部门和学校共同进行的过程，旨在规范和安排教师的工作。这里的教师管理更加注重对教师的校本化管理，特别是校长对教师的使用和管辖。具体体现在：根据相关法规合理配置教师，组织、协调和提供教师工作的系统支持，引导他们在工作中发挥作用，实现相应的领导和管理目标，以及实现他们的职业价值。

# 乡村小学与城市小学教师管理特点的比较

在城市化的大环境下，乡村小学的教师管理呈现出新的特点，既具有城市小学教师管理的特点，同时彰显了乡村小学教师管理的地方特色。只有精准掌握城市与乡村两类学校固有的管理特色，才能全面洞察它们在发展过程中的新动向。

经比较分析，乡村与城市小学教师管理展现出"自由"与"约束"、"随意"与"规范"以及"弹性"与"刚性"之间的对立特征。

## 一、"自由"与"约束"

城市化进程前，乡村小学大多由当地政府筹集资金而建，学校领导是乡村学校的主体，具有很强的管理权；所谓"天高皇帝远"，其经营活动又不在"国家"的视线范围内，因此，乡村学校的教师管理完全由自己决定，具有很大的自由度。而城市学校则是现代社会的产物，它一开始就处在政府设立的"瞭望塔""监视"之中，由当地教育部门统一管理，因此城市学校的管理也十分"规范"。

（一）教师管理主体的差异

在城市化之前，乡村小学及其教师的管理一直处在政府的监管之外，乡村小学具有较高的学校自治权和自主性。由于政府不直接参与管理，乡村小学的管理相对较为自由。在这种情况下，乡村小学的校长拥有对教师的绝对管理权，可以自主决定管理方式。校长成为决策者，对学校的管理权力拥有绝对主导地位。

在城市小学中，与乡村小学相比，不存在类似的"自由"管理状况。城市小学是城市化进程中的产物，从建立之初就归属于国家，资金来源于地方政府和教育部门。校长和教师属于"公家人"，代表的是公共利益，因此，在管理政策的制定和监管方面都存在国家权力的参与。城市小学的管理受到一定的约束，对教师的管理自由度较小。在城市小学中，有明确的管理方针和体系，规定了校长对教师的管理职责和范围。

（二）教师的聘用差异

在城市化之前，乡村学校对教师享有一定的管理权，包括聘用和解聘等权力由乡村学校的校长行使。大部分乡村教师没有所谓的"编制"身份，这个概念本身代表着公共机构的成员，也是国家权力的象征。在那个时期，乡村小学的教师大多是农村中的知识分子，具备一定的文化知识，他们因为受人尊敬而受雇。如果教师在工作中表现不佳，或者不愿意继续从事教育工作，可以自由离开。一些乡村教师可能会签订教学合同，但大多数乡村教师的录用仅存在口头约定。

然而，在城市小学中，师资的选择和聘用存在着明显的不同。在城市小学中，教师职位被视为一种稳定的就业，被认定为"公家人"，学校对于教师的招聘、录用和辞退等方面没有太大的自主权。即使教师表现不佳，学校也没有解雇教师的权力。

## 二、"随意"与"规范"

在城市化之前，乡村学校的教师管理流程相对较为松散，往往由校长一人做决定。与城市学校不同，乡村学校的师资队伍较为简单，缺乏成熟的科层化组织结构。对比乡村与城市学校的教师管理，可以用"随意"和"规范"来描述两者的不同特征。

（一）管理标准的差异

在城市化之前，乡村学校尚未建立起统一的制度，乡村小学的教师往往只是听从学校领导的口头指示，没有明确的书面规定限制他们的行为。教师主要关注自己的"份内"工作，即教育学生。教学被视为一项很自然的任务，在学校中，只需要将教学工作做好，就可以认为自己已经完成了任务。对于教学的方式，并没有固定的标准。

在乡村小学中，教师们的工作安排往往是随机的，通常享有较大的自由度和灵活性。除教学外，他们还有自己的其他工作要完成，下课后一般会离开学校，没有固定的日程安排和出入规则。

在城市小学中，教师恪守严谨的请假与出勤缺勤制度，各项工作均严格按照既定制度有序开展，确立了明确的管理规范。无论是行政事务还是教育教学领域，皆制定了详尽的规定与行为准则。从课程准备、授课方法到作业布置，均设有具体规范，且这些规范以文字形式明确表达，全体教师必须严格遵守，确保工作有序高效推进。从这一点可以看出，与过去的乡村小学相比，城市小学对教师的管理体制在管理方式上存在着"随意"和"规范"的差异。

（二）管理组织机构的差异

在过往的乡村小学中，尚未构建起系统化的管理体系。学校负责人通常由校长担任，组织架构相对简洁，主要采用纵向的管理模式，即校长—教导处—教师的三级管理结构。在此模式下，中层管理者的权限较为有限，因此，大部分决策往往由校长提出并由教师执行，多通过口头形式进行传达，导致管理决策的实施显得较为随意，缺乏专业化的政策制定和监督机构。

此外，在学校的行政工作中，虽然教学工作的重要性得到了充分的体现，但管理工作仍需进一步服务于学校的发展，坚决杜绝形式主义。对于不必要的事务，应坚持"能不管则不管"的原则，以确保管理组织的简洁高效。由于管理组织的简化，整个管理流程无需经过繁琐的程序，因此，管理体系表现出一定的灵活性和随意性。

城市学校则采用了科层制的管理组织，使得老师能够在不同的职位上发挥各自的作用，提高了学校的管理效能。科层制的结构明确地划分了每个职位的职责，从上到下有严密的管理关系。这种结构使管理者能够更好地提升对教师的管理能力。一旦制度得以确立，将交由相应的管理部门负责实施，随后将工作任务分配至基层教师，这种明确的职责分工极大地提升了管理工作的效率。然而，值得注意的是，此类管理组织在实际运作过程中，可能会出现"形式主义"和"官僚主义"的倾向。

学校教师管理通常遵循严谨的层级制度，确保教师队伍管理有序进行，各司其职，彰显规范性。然而，这种规范性往往导致流程的烦琐和僵化，最终变成一种形式化的管理。相比之下，乡村小学的教师管理结构相对简单，通常由校长一人决策，容易出现独裁现象。

总体而言，乡村小学的教师管理缺乏明确的分工，导致管理效率较低。因此，可以看出以往城乡小学的教师管理在机构层次上存在着"随意"与"规范"的差异。

## 三、"弹性"与"刚性"

在师资管理方面，乡村学校采取了一种"弹性管理"的方式，而城镇学校则采取了"刚性管理"的方式。

在乡村小学的管理中，尽管偶尔也会有一些规定和制度，但这些规定往往具有一定的灵活性，因此在实施过程中，上级领导也会对其睁一只眼闭一只眼。由于农村社会注重人情，教育行政工作呈现出一种"弹性管理"的特点。而在城市学校中，对教师的要求通常是"刚性"的，无论是大小事情，教师都必须遵守规定，没有人敢违背规定，否则必然受到惩罚。

在乡村社会，人情是一种复杂多样的情感。它既不是简单的义气，也不仅仅是人与人之间的交情。人情是基于血缘和地理联系而形成的一种情感，它受到乡村传统文化的影响，成为一种特有的精神感情。人情在乡村社会中扮演着重要的角色。

（一）教师职称评价的差异

在乡村小学的教师职称评定中，人情化的现象得到了显著体现。乡村学校的教师评价并不以教育水平、成绩、年龄等为主要衡量指标，而是以人情因素为评价依据。在教师职称的评定中，人情因素被视为不公正的选择。然而，在城市地区，依靠人情来提升职务等级的情况相对罕见。由于受到人情因素的制约，乡村学校教师的职务评价具有一定的灵活性和可操作性。而在城市学校，职称评审依据的是规范的教师考核与评价体系，它是一种硬性、有条理、有原则、有规律、有规则、有纪律、有秩序、有组织的体系。这种体制相对更加正规和公正，而"人情化"的教师评价标准过于随意，会导致教师不满意。

（二）教师常规管理的差异

在传统的教师管理实践中，乡村小学与城市小学均体现出"弹性"与"刚性"的不同特点。从教师的"惩戒"视角审视，城市小学对学生的"打、骂、罚"行为是严格禁止的。一旦此类事件发生，学生家长往往会采取匿名举报或向学校提出投诉的方式表达关切。因此，在城市学校中，"体罚"或"打骂"学生的情况极为罕见，教师们亦会自觉维护这一教育底线。然而，在乡村地区，情况则呈现出另一面。特别是在那些备受尊敬的教师群体中，有时会对学生采取较为直接的惩戒措施。这一地方特有的"人情"文化，使得教师在日常教育生活中的一些不当行为得到了社会的广泛谅解，从而使得"打骂"学生的行为在当地更为普遍接受。但若在城市环境中出现此类情况，其后果则会迥然不同。由此可见，在乡村与城市小学教师管理中，"弹性"与"刚性"的差异显而易见。

# 城镇化背景下乡村教师管理的价值

在城镇化进程中，乡村小学的师资队伍建设对于乡村学校的整体发展具有直接的关系和影响。提升乡村学校教师的教学质量对于乡村学校、乡村教师和乡村学生都具有重要的现实意义。

## 一、规范学校管理，提高管理效率

从表面上看，长期在乡村生活的教师往往形成了一种"无拘无束"的工作方式。但在相当大范围内，乡村小学教师的工作效率受到了单一的组织结构和不完善的体制的严重制约。此外，过度依赖"人情"的标准已经迫切需要被一种新的东西所取代。因此，乡村小学迫切需要一个更加公正、规范的管理体系。

在城镇化进程中，乡村学校引入了"规范化"管理组织与体制。在学校管理的组织结构中，从学校的高级管理人员到学校的中层管理人员，构建了一个有条理、有序的学校管理体系；这样的管理机构使得乡村学校中的各部门能够明确分工，在管理实施过程中能够有序、规范地运作，从而大大提高了管理效率。这样的层级结构确保了管理的公平公正，并杜绝了过去乡村小学校长独揽权力的情况。另一方面，在管理体制上，校长不必担心教师的随意行为，而教师也可以通过制度规范自己的行为。时间管理方面，教师实行了考勤制度，很少出现早退或迟到的情况。在教案编制方面，教师不再烦恼如何教学，而是有相应的范本可供参考。对教师的评估也有更加规范的评估标准和体系，避免了"任人唯亲"的倾向。总体而言，在这些制度的约束下，乡村学校的各个层面都得到了更多的规范，从而提高了学校的运营效率。

## 二、立足专业发展，增强教师素养

过去，乡村学校的教育管理工作很少有老师参与，学校的教育管理工作也得不到足够的关注。其中一个原因是乡村中小学的教学资源匮乏。学校管理者往往将注意力集中在如何有效利用教师资源上，而忽视了对教师的培训和发展。然而，在城镇化的大环境中，提高乡村小学教师的管理能力对于促进他们的个人成长和提升素质具有重要意义。乡村小学的教师管理应该包括教师培训的内容，通过规范化的管理，为教师提供参与培训的机会，从而提升他们的业务水平和文化素质。这样的管理措施可以帮助教师建立稳固的专业思想、专业知识和专业能力，并基于此不断提升自身素质，进而提高乡村教师的整体素质。

以笔者所在的翟王镇教育学区来讲，始终把加强教师业务能力建设放在首位，不断健全教师培养培训体系，努力培养造就卓越教师、教育家型教师。同时，落实五年一周期教师全员培训制度，贯彻落实《阳信县中小学教师继续教育学分管理办法》，积极组织全员研修，实施新教师职初培养工程，努力构建教师终身学习体系，为提高教师专业素养奠定了坚实的基础。

## 三、涵养学生品性，助力学生成长

在乡村学校中，教师和学生是教学活动中的重要因素。乡村学校以教师为主体进行教学，而教学活动则以学生为中心。在城市化进程中，教育惩戒相关政策文件的颁布实施，明确规定了"老师打小孩"是非法的行为。这使得乡村教师不再随意惩罚学生，而是在新的教师管理体系的指导下，给予学生全面、关爱的教育。

同时，在规范的师资队伍建设指导下，应注重以学生为本，营造师生双重主体性。在对教师进行评价时，需要转变过去唯分数导向的教学评价方式。通过这种方式，可以涵养学生的品性，促进他们身心的全面发展。

　　总之，从乡村小学教师管理的内涵、乡村小学与城镇学校的教师管理特点的对比以及对提高乡村学校教师管理的价值观来看，在城市化条件下乡村学校师资工作意义重大。

# 城镇化背景下乡村教师管理的现状

在推进城镇化建设的进程中，我们积极引入城市学校的"规范化"师资管理体制，并将其深入推广至乡村学校之中。这一举措本意在于对乡村小学师资管理的"自由"状态进行"规范"和"现代化"提升，以期达到优化教育质量、促进教育公平的目标。然而，在实际操作过程中，我们发现管理体制往往呈现出"两套标准"的现象，即在坚持规范化管理的同时，仍保留着一定程度的灵活性和适应性。这种半正规化管理在以下四个方面表现出来：管理对象、管理组织、管理制度和领导方式。

## 一、管理对象"差别化"

教师管理的核心目标在于激发教师对自身工作的热情与期待，促使他们积极行动，从而实现教师的职业尊严和职业幸福感。然而，在实际工作中，教师的付出与回报之间存在的差距，可能导致心理上的不平衡，进而对教师的专业经验和职业发展产生一定的影响。当前，我国乡村小学教师管理中普遍存在"差异化"现象，主要体现在对"青年教师"与"资深教师"，以及"正式教师"与"临时教师"之间的不同对待。

一方面，学校对于"年轻教师"和"年长教师"的管理存在差别化。通常情况下，一些"年长教师"在学校中享有较轻的工作负担、更多的福利和较大的权力。而"年轻教师"则往往承担更多的工作量，但却拥有较少的权力。举例来说，在乡村小学中，虽然存在"请假制度"和"教学常规"这两个标准，但在"年长教师"和"年轻教师"的眼中，这两个标准被看作是不同的。对于年轻教师，遵守"规范化"的制度是必要的；而对于年长教师，则更多地遵循"年长教师"之间的人情世故，他们所面对的标准是"自由的"

和"可调整的"。

另一方面，在对于"正式教师"和"临聘教师"的管理目标上，也存在着差别化的情况。随着城市化进程的推进和中小学教育布局的调整，乡村小学的在校学生人数逐渐减少，但是"城市学校""乡镇中心小学"和"城乡接合部乡村小学"的在校学生人数却在不断增加。在许多地方，如乡镇中心和城乡接合部等地区，存在学生与教师比例不匹配的问题。因此，临聘教师成了一支重要的后备力量。在许多乡村学校中，临聘教师的人数占到了全校教师总数的一半。

临聘教师，也被称为代课教师，其发展经历了"民办教师—代课教师—临聘教师"的历程。根据相关政策，临时聘用的教师应该是临时性的辅助力量。然而实际情况是，这些临聘教师才是乡村学校真正的稳定力量。应该对这些临聘教师进行与正式教师一样的管理，但事实上，临聘教师承担着更大的工作量，而薪酬却较低。因此，这些临聘教师只能通过自己的小饭桌或者开设辅导班来维持生活。乡村校长对此视而不见，没有采取任何特殊行动。

在我国，教师开办校外补习班是受到严格限制的行为，不论是正式教师还是临聘教师，都应该按照规范的方式接受管理。然而，在乡村学校中，临聘教师队伍利用一些漏洞，脱离了正规的教育系统，导致乡村学校的教师管理缺乏足够的规范性。

## 二、管理组织"形式化"

科层制是基于马克斯·韦伯的组织社会学理论，以规则为基础，按照不同职能和职限层次进行划分的一种组织系统和管理模式。在学校中，根据不同的工作种类和任务，采用科层制的组织结构，将其划分为不同的部门。一般而言，该组织结构按照高层、中层和下层等级进行层级划分。随着城镇化进程的推进，城镇学校的科层制组织结构传入农村。由于这种组织结构能够明确分工，提高管理效率，因此受到广大管理者的欢迎。然而，目前农村学校在实现组织化、系统化管理结构方面还存在一些问题，导致结果不尽如人意。

在城镇化进程中，学校的功能被划分为政工、教学和后勤三大类，这种科层化的组织结构使得原本混乱的职位和功能逐渐清晰起来。在科层制的组织架构下，管理人员对每位教师进行了分工，使他们能够有条不紊、高效地完成自己的工作。然而，受传统管理方式的限制，官僚体制逐渐形式化，过去的懒散和专权的管理方式依然存在，导致对教师的管理效率无法进一步提升。其中存在三个问题：一是乡村小学中层管理人员存在能力不足，无法胜任工作的情况；二是学校内部存在互相推诿、各行其是的问题。特别是政工和教学之间的矛盾最为突出。教学是学校应关注的重点，而政工则是为了保证教学工作的顺利而设立的部门。因此，教导处的高层工作应监督教师的教学，组织教师培训，调整教学计划。而政工层面的领导则主要传达上级机关的指示，并督促教师进行改进和修正。由于中层管理人员为了保护自身利益，往往将工作放在首位，这种精细化使每个人都有自己的任务，形成了不同部门之间的天然壁垒。三是乡村小学的行政权力仍然由乡村中的"年长者"所掌握，而"年轻教师"只是充当行政人员，缺乏实际的权力。在教学方面，"年长教师"拥有广泛的人际关系和较大的话语权，而他们的中层管理人员大多也是本地的"年长教师"。由于"精细化"的管理部门需要应对众多问题，许多烦琐的执行管理工作都被交给年轻教师处理，但实际的管理权仍掌握在"老教师"手中，这导致年轻教师变成了缺乏实际权力的行政人员，使得科层化名不副实。

## 三、管理制度"人情化"

在城镇化之前，乡村学校有一套自己的管理规定，尽管没有明确的法规，但这些规定在学校的管理中是默认存在的。这些规定实际上就是学校管理的一种框架。在我国农村义务教育实施"以县为主"的办学模式的背景下，乡村小学为了使管理更加有效和可衡量，开始模仿城市的规章制度，并严格执行，以提高管理效率。然而，在实施过程中，这种管理方法并不完全规范，虽然看起来依靠制度和指标化进行，但实际上充满了人情因素。特别是在教师的绩效评价和日常教学管理方面，这种人情化的管理制度更为明显。

## 四、领导方式"多变化"

校长作为学校的领导者，其管理思想和管理风格因人而异。在城镇化进程中，对乡村中小学校长实施了"县管校聘"，将校长的管理纳入教育系统，不再是"一人一岗至离任"，而是出现了人员的变动。这种多变的领导风格给乡村教师带来了应接不暇的挑战。

实际上，乡村教师长期以来已经习惯了农村小学中的"慵懒"管理模式。然而，在城镇化进程中，由于"县管校聘"政策的快速更替，乡村教师受到了巨大的影响，他们必须根据不同的管理模式及时地调整自己的教学行为。这种频繁变化的管理模式让教师们在适应新模式之后很快又面临新的变动，新的管理模式也会在教师心中生根发芽。这使那些被"慵懒"文化所侵蚀的乡村教师很难适应新的教学方式。

# 城镇化背景下乡村教师管理现状的原因分析

## 一、文化背景：城乡文化冲突

乡村学校师资队伍建设为何会出现一种"半规范"的状况？首先要审视乡村小学教师管理问题的根源，即城市文化与乡土文化之间的冲突。

中国是一个以农业为主的国家，这决定了人们的日常生活节奏，日出而作，日落而息。历经无数世代的变迁，中国文化深厚而悠久，主导着人们的思维与行为。其中，"传统文化"和"乡土文化"起着重要的导向作用。然而，近代以来，随着"理性""科学""效率""先进"等现代文明的冲击，传统的"小农经济"逐渐瓦解，人们的生产与生活模式发生了翻天覆地的变化。现代科技与仪器的正面作用备受欢迎，而它们所带来的束缚与限制被忽视。现代意识将乡村与城市分割为两个不同的圈子，即"城市圈子"和"乡村圈子"。在人们的心目中，城市被视为"先进"和"现代"，而乡村则被认为"缓慢"和"落后"。随着城市化进程的加速，城乡发展走向一体化。尽管城乡壁垒被打破，但长期以来的二元对立效应使得城市的"优势"和文化定位更加巩固，乡村也开始走向城市化的发展之路。

在现代化和城镇化的双重社会环境中，人们可以观察到西方国家的城市化和现代化水平相对较高，从而师资管理相对更为先进，而中国的师资管理则相对滞后。由于城市化程度较高，城市小学的师资管理显得较为先进，而乡村小学的师资管理则相对落后。学校教育的文化背景对教育本身具有一定影响，然而，这种观念在对教育本质的认知上可能存在偏差，导致乡村学校的教师管理面临一系列问题。

从宏观管理视角审视，在城镇化驱动下，乡村学校已融入国家一体化管理体系。过去被视为与国家联系较为薄弱的教育阵地，现已归入国家治理范畴。在此背景下，校长角色发生转变，由单一的学校管理者变为整个乡村小学体系的一份子，扮演着"系统人"的重要角色。他们所享有的管理权限受到一定制约，整个乡村小学系统全面置于国家监管之下。

因此，从管理组织架构和制度建设层面剖析，务必推行精细化、指标化管理，以满足上级教育部门的督导审查需求。乡村小学校长在引领学校发展过程中，首要职责是确保相关组织机构和管理制度的完善。在开放透明的社会环境下，督导和定期检查对乡村小学各项管理活动提出了规范化要求。

长期以来，乡村教师养成了自由、随意、慵懒的特点，并形成了散漫的管理风格。这种现代化、城市化的教育管理内容和方法与乡村学校原有的乡土文化承载的管理理念发生了冲突，导致规范化的管理活动在实施时出现了许多问题。在管理组织方面，尽管科层制的组织结构越来越细化，但也存在形式化的问题，即组织运作规则表面上合规，实际上却缺乏真正的合作。一方面，乡村学校的中层领导干部往往无法胜任工作；另一方面，在中小学教学中存在相互推诿、各自为政的问题。此外，乡村小学的行政权力仍然由村里的年长者掌握，年轻教师只是无权无势的行政人员。

在管理体制方面，由于乡村社会普遍存在着注重人情的特点，一些标准文件往往没有足够的权威性。这导致管理体制存在两个主要问题：

首先，过于注重结果的指标评估，忽视了作为良知的教学活动，忽视了对教师价值感的认同，最终导致评估过于依赖分数。

其次，在实施管理体制的同时，也出现了一系列具有地方文化特色的人情经营法则。从领导模式来看，在城市化进程中，实施了县管校聘，校长不再是一位纯粹的学校人，而是一个城市或地区的系统人。传统的一岗到老的情况已经消失。乡村学校的校长往往每隔几年就会调任一次。然而，由于乡村的惯性，乡村教师已经习惯了数十年不变的传统管理模式，很难适应城市变化的特点。因此，随着乡村学校校长的更替，必然会带来新的领导风格和学校理念，从而影响学校教师的教育和教学行为。这对于习惯于慵懒文化的乡村教师来说，会感到不适和疲惫。

## 二、管理理念：乡土情怀缺失

乡村小学校长在学校经营中虽然权力有限，但却具有较大的自主性。尽管有一些体制和机构可以进行一定程度的调整，整体的管理权仍然掌握在校长手中。一所学校的办学管理体现了校长的责任与担当。回顾学校管理中存在的问题，我们可以看到，学校领导对学校的热情与责任感会在一定程度上影响他们的教学管理内容和方式。

由于不同校长所持的办学思想各不相同，因此在学校的教学经营中，结果也会有所不同。那些倡导"以德立校、以人为本"的校长，注重的是学生的德育和学生主体地位的实现。在对教师的管理上，将学生成果作为评估教师优劣的标准，将教师视为配角，对教师的经营采取一些"达标性"的手段和方法。这样的教育观忽视了教师的主体性，缺乏对教师的人文关怀，无法展现校长对乡村小学的教育情怀。

而倡导"快乐教育"的校长，以创建一个轻松愉快、积极向上的课堂氛围为目标，采用符合每个孩子成长需求的教学方法，让每个孩子和老师都能充分地学习和享受美好的生活。这种学校以"以人为本"的理念为基础，通过"人文关怀"来引导老师的工作，培养他们成为有情感、有道德、有素养的优秀教师。这种"人文关怀"不仅在人们的生活中得到充分体现，而且在事业发展过程中也得到充分展现。例如，可以组织教师参观周边优质的乡村小学，也可以组织线上和线下的教育学习活动，促使教师相互学习和提高。在日常的教学活动中，不会用制度来"规范"教师，而是给予教师足够的尊重，并以此激励他们的自我发展。

作为一名乡村校长，对乡村教育的社会责任感和热情是对乡村教育的情感表达。通过比较可以发现，只有那些在乡村长大，具有浓厚乡土氛围的校长才能提供较高的教育质量，因为他们下定决心为乡村教育事业贡献自己的全部力量。在教师管理方面，他们时刻为教师考虑，同时也关注乡村教育的发展。他们尽力满足教师的需求，培养一批甘于扎根乡村的教师，为乡村儿童提供更多学习经验和成长支持。因此可以看出，"乡土情怀"对乡村小学校长的管理产生了一定的影响。

## 三、领导方式：人文关怀缺乏

校长的领导风格在很大程度上决定着教师管理的质量。作为乡村小学教师，他们是校长管理的"客体"，他们的管理活动反映了校长的管理方式和内容，也展现了校长的管理观念和风格。随着城镇化的快速发展，乡村学校越来越注重关注"人"。如果校长在领导风格上缺乏"人文关怀"，很容易引起广大教师的不满和抵触。然而，如果校长能全面了解教师的需求和感受，调整和改进不合理的管理方式和内容，就能有效地降低教师的负面情绪，激发他们在教育教学中的积极性。只有这样，才能更好地推进教师队伍建设，使乡村学校得到更好的发展。

在现实的教学管理过程中，往往出现管理者急于求成的情况，他们将教师视为抽象的"工作体"，未能充分认识到教师的生命价值，并未给予他们应有的关注。过分强调教师的"使用价值"，忽略了他们个人的发展，以及他们日常生活、身心健康和生命的价值。由此导致教师对工作兴趣淡薄，对教育工作几乎没有贡献，同时也降低了他们的幸福感。

"过度集中"的行政权力也是对人的一种忽视。在乡村小学的师资队伍中，校长通常拥有主导地位，虽然存在清晰的组织结构，但大部分权力仍然集中在校长手中。因此，在学校中，教师对于学校的各项政策和决策往往没有太多发言权，他们的意见常常被忽视，只被视为执行者。因此，在实施过程中，教师们往往采取走过场的态度，这影响了乡村学校的全面发展。

行政的"非人化"也反映在行政职权的过度细化上。为了提高教师素质，学校制定了一套具体的目标，并将管理系统进行"指标化"，中层领导成为教师的监督者。学校管理者依赖系统来监控和管理，而教师则变成了管理者的"囚徒"，成为完成工作的"工具人"，教育指标成为衡量教师好坏的唯一标准。这导致教师的工作流程越来越程序化，工作变得僵硬，趋于量化，教师在工作中往往受到"权力"的监督，很难充分发挥自己的主体性和创造性。

## 四、管理原则：人治法治博弈

在城镇化进程中，"制度"式的管理理念和"科层制"的组织结构以其"现代性"的特征逐渐渗入乡村学校。然而，在实施过程中，管理机构对教师进行静态、有序的"制度"和"规训"，其效果并不尽如人意。这一问题的根源在于"人治"和"法治"这两个行政原则之间的冲突。

首先是"法治"和"礼治"之间的矛盾。在中国传统的乡村社会中，"人治"是主导，"礼治"是一种治理方式。"礼治"构建了一个复杂的人际关系网络，将各种统治行为相互联系，使得村落中的教师管理一直保持动态平衡的状态。

在乡村社会中，"礼"的概念由传统的权力关系所维系。在教育管理方面，教学被看作是一种以良心为基础的行为，个体的发展和遵守既定规定被视为教师的责任。然而，在许多情况下，这种体制性的压迫限制了教师的成长，并使他们难以摆脱束缚。与此相反，"法治"是对政府权力集中的反映。在乡村学校的管理中，这意味着建立一个能够维持学校秩序、提高教师工作效率的组织和系统。当这两种具有不同特征的管理原则发生碰撞时，就会产生激烈的冲突，导致一系列乡村教师管理问题的出现。

其次是"人情"与"制度"之间的冲突。"科层制"的管理体制使得学校内部各个单位的工作相对独立。在学校的管理工作中，从校长到中层干部再到基层干部，每个人都有明确的分工和原则。然而，在乡村社会中，各种组织之间的联系呈现出错综复杂又紧密的"差序格局"。这种联系在学校的各种组织结构中被称为"人情"。这样的"人情网络"可能为教师带来更多的便利。在教师的日常工作中，拥有"人情"的教师可以不完全按规定行事，而缺乏"人情"的教师则必须严格遵守规定。这两者之间的矛盾与冲突导致了对农村教师的不平等对待，并最终演变成"法治"与"人治"的对抗。

# 城镇化背景下乡村教师管理问题的解决对策

要从城镇化发展的背景和现实困境出发，寻找适合我国乡村师资队伍建设的对策。在城镇化进程中，过于追求"效率"和"现代化"的管理方式可能导致对教师人性的忽视，因此，乡村教师的行政管理必须注重人本化。在许多情况下，带有城镇化特色的师资管理模式并不适用于乡村的实际情况，因此，对乡村师资的管理必须实现乡土化。因此，不能盲目追求最优的管理模式，而是要在特定条件下寻找最适合乡村的管理模式。

## 一、发展多元管理主体，创设民主领导方式

在城市化进程中，乡村中小学实施了校长责任制，校长成为乡村学校的领导者和权力控制者。然而，如果校长的权力过大，就可能形成"专权式"的管理模式，这样的模式将导致教师失去发言权，进而影响学校的教学质量。因此，在校长的权力管理方面需要注意权力的合理分配和制衡，以确保教师能够发挥自己的作用，促进学校的良好运行。

（一）重视教师的参与性管理

一是加强乡村教师对教育教学工作的认识，让这些老师知道，他们也是学校的一员，他们也有资格参加制度的制定和标准的修改。

二是让教师真正地加入到教师管理的工作中来，当学校推出新的教师管理制度时，一定要先去询问教师的意见。

三是在课堂教学中，教师具有"发言"的权力。在对教师进行管理时，其系统的实施与预期的结果常常是背道而驰，导致了在管理中产生了种种问题，进而降低了管理的质量。在这种情况下，就要求教师发挥他们的"管理

的监督权"，表达他们对教师管理实施过程的看法，以更好地改善乡村教师的管理。比如，笔者所在的翟王镇学区始终高度重视教师对学校管理的参与权。从教师绩效考核办法的出台，到学校日常教学管理制度的修订，都要从各级部选出多名教师代表，让他们参与到集体开会研讨中，充分尊重他们的意见，再结合上级要求，制定出符合本校实际的管理办法。

（二）加强教师的自我管理

要强化教师的自我管理，就必须增强其自我管理的意识。只有在"爱"的气氛下，教师才能主动参与到工作中来，从而增强自身的自觉性和主动性。这是一种互动关系。要实现教师的自我管理，就需要教师在管理观念上，从传统的"依赖外力"转向"自我约束，自我管理"。也就是说，老师要提高自己的工作热情，尽快地完成上级布置的任务，减少上级的监督，以达到"自我管理"的目的。

## 二、重视教师发展需要，营造人本管理氛围

根据马斯洛的理论，需要是人行为产生的动机。乡村教师对于满足自身需要的感受，对其教育教学品质有着重要的影响。目前，我国乡村师资队伍的发展面临着师资力量的流失问题。乡村教师流失的主要原因是乡村学校无法提供足够的教育资源。要想提升乡村学校的师资队伍建设，必须从满足教师多样化需求的角度出发。以"人本化"的办学思想为指导，构建一个能够满足教师生存和成长需求的"舒适圈"，进而调动教师的工作热情。

（一）重视教师物质层面的需要

与城市的学校相比，乡村学校在物质方面存在一些不足，例如教师宿舍等设施。学校可以根据教师的需求，修建或改建一些临时宿舍，解决教师临时住宿的问题，以减轻他们的生活压力。对于那些离家较远的教师，学校可

以要求他们提交书面申请，灵活地安排他们早上到校的时间，创造一个注重人性化的管理环境，以最大程度地满足教师的需求。

（二）重视教师心理层面的需要

从管理者的角度来看，校长和管理人员应该共同创造一个和谐的人际氛围，这样才能让教师在教学过程中感到舒适，对工作感到满意。

（三）重视教师自我实现的需要

人往高处走，水往低处流。教师有成长和发展的需要，这就要求管理者要创造良好的利于其发展的条件，以实现教师的专业发展，比如多开展教师培训活动，多借助当前网络的力量给教师们提供一些"优质课"视频，让教师们有更多学习和进修的选择。以笔者所在的翟王镇学区来说，高度重视教师们的持续学习能力，先后组织了数次高端培训，远赴北京大学附属中学、滨州市实验南校区等教学优质的学校取经学道，开拓思路，开阔视野，了解到国家最前沿的教育改革思想和方向，感受了高端专家学者的思维碰撞。

当教师感受到学校的帮助和关怀时，他们会在情感上更加认同学校，更加投入于教育教学工作中。因此，在对待教师的教育管理时，应注意不同教师的个体差异性需求，营造一个注重人文关怀的教育环境，以激发教师的工作热情，并为学校的发展提供强有力的支持。

## 三、激发内生发展需求，重视乡村教师培训

（一）重视教师管理的"激励因素"，激发教师们的内生发展需求

从教师的工作、进步的角度以及从成长的可能性、责任和成就等方面入手。在管理者的赏识方面，应与教师保持平等的态度，用肯定的言辞来激励教师，而不是盲目否定他们的工作和努力。对教师的工作要给予更多的欣赏。

对于教师的发展和成长，首先要了解到教师的发展阶段各异，要根据不同阶段来把握他们的潜力和发展方向。对于年轻教师，可以有针对性地进行严格的教育，促使他们快速成长为学科的领军人物和骨干。对于成熟稳重的中青年教师，应充分调动他们的积极性和主动性，使他们更好地发挥自身优势。对于年纪较大的教师，请他们分享自己多年来积累的教育和教学经验，以提升团队发展的潜力和责任感。

（二）重视教师培训，促进其实现自我发展

要根据学习成长的情况，避免给教师增加负担，根据人、时机和地点的不同进行培训。在培训期间，应积极挖掘有经验的老师的优秀教研经验，通过传授和帮助的方式向其他教师提供相关建议。此外，积极开展对外交流，提升农村教师的专业素质。

在职责和成就方面，需要注重地方文化的引导。乡村学校作为乡村文化的重要组成部分，在引领乡村文化和促进乡村儿童发展方面扮演着重要角色。因此，学校领导应增强对本地区的认同感，培养学校领导团队的文化自觉，提升学校领导力量和对本地区的认同感。阳信县翟王镇教育学区在这一点上做得非常好。其"清源守正，真善美行"的"清源文化"，在培育高素质教师团队、构建教师专业发展共同体、实现学校高品质发展方面发挥了巨大作用，引领教师视自己的工作为事业，致力于自己的专业发展，坚定了其正本清源谋发展、推动教育发展的文化自觉。

## 四、关注教师过程评价，完善教师激励管理

（一）重视教师管理的过程性评价和发展性评价

放弃"奖惩性"的教师评估，构建注重学生质量的"发展性"的教师评估系统。这一评估体系的目的不仅是评估教师是否达到教学目标，更重要的

是推动教师的职业发展。注重评估的整个过程是关键。在评估结束后，不要急着给教师贴上标签，而是将评估结果反馈给教师，促进他们的学习和工作，进一步促进职业成长。因此，在管理乡村小学教师时，应注重过程性评价和发展性评价，以此为基础，从多个角度评估教师的工作完成情况、工作态度、工作能力和工作效果，实施动态的评估和管理。

（二）评价过程中重视激励手段的应用

在评价过程中采用激励措施可以激发广大教师的工作热情，进而提升他们的工作效能。在奖赏内容方面，不仅要将奖赏限于货币形式，还应包括精神层面的奖励。通过公开场合的表彰和赞扬等方式，提升教师的成就感。这样的激励措施可以更好地激发教师的积极性和创造力。

在激励机制方面，教师应积极参与激励机制的制定，并敢于表达自己的意见，以确保管理制度的民主性。在公正考核方面，不能仅依靠严格的得分评定，而应采用分级评定的方式。教师可以根据自身要求进行自我评价，并通过小组互评、部门评定和领导审核等环节，确保考核过程的公开透明。在干部作风问题上，干部应坚持廉洁、公平、正直的原则，做好榜样，形成优秀的干部队伍，以树立教师对管理人员的信心，并激发他们的工作热情。

## 五、更新学校管理组织，重塑乡土管理制度

（一）重视年轻中层领导的培养

在科层制中，职责划分和上下关系需要明确。然而，当前我国乡村中小学的行政组织并未充分发挥科层制的功能。首先，"科层制"导致办学权力过于集中。在乡村学校的教育工作中，应重视对青年中层干部的培训。青年老师大多来自外地，工作时间不长，与学校的"人情"关系还不稳固，因此可以避免"人情"的影响，让他们更民主、更透明地管理学生。其次，青年

教师具有求知欲、活力和创新精神，他们的加入将改变师资工作的僵化状态，激活教育环境。因此，乡村学校应注重培养青年教师的能力，提供适合他们发展的机会，推动教育工作蓬勃发展。

（二）加强学校管理层之间的整合

这种"分工明确、精细化发展"的科层制导致学校中出现了"各自为政"的情况。为此，必须在学校管理中强化统一。例如，管理层负责政工的人员也应参与教育教学工作，了解各种教学管理制度，并参与学校的教育教学管理。同时，负责教育的主管也应积极参与校园日常事务，熟悉基础的行政方针，协调各个部门的职能和关系，确保每个部门都有明确的分工，并能相互联系。这样可以增进各部门之间的合作，提升学校整体运作效率。

（三）实行制度刚性管理与人情柔性管理相结合的制度

在管理制度方面，要实现"弹性"与"刚性"相结合的目标，在明确"指标"的同时，适度、灵活、因地制宜地设置制度。要坚持以人为本，适当地调节制度的刚性，以满足教师的生活需求。例如，对于早到制度，如果教师家中有小孩或紧急情况，或者居住较远，可以灵活安排工作时间或请假。每天的假期也不必过于严格，只要教师合理安排课程，不影响学生学习即可。教师工作是一项富有责任心的工作，一旦满足了"人性化"的需求，教师的工作积极性就会提高。因此，教师们的教学效果也会更好。

# 乡村校长获得社会支持的现状

社会支持是个人发展所依赖的社会关系网络，提供物质和精神等方面的帮助，是个人可以依靠的外部力量和资源。社会支持在精神和物质层面上增强了个人的社会适应能力，在个人走出困境、实现生存和发展方面起到积极作用，同时也有助于避免受到不良环境的损害。

社会支持理论认为，一个人的社会支持体系由三个基本元素组成。首先是支持主体，即提供帮助的对象，可以是政府、企业、社团等，也可以是其他个人。其次是支持客体，即被认为需要支持的个人或团体。这个概念涵盖了每个人在日常生活中参与社会交往并融入社会网络的情况。乡村校长作为一个特殊而处于弱势地位的群体，迫切需要社会的支持。第三是社会支持介体，它是将社会支持的对象和提供者联系起来的内容和方式。社会支持介体可以是社会组织、专业机构、社交网络等，它们提供渠道和平台，促进扶持对象和支持对象之间的互动与联系。

尽管学者对社会支持的分类仍有分歧，但一般来说，最常用的是两种基本类型。第一是客观可见的支持，这种支持不仅包括物质方面的帮助，还包括社交网络或群体关系所提供的支持。第二是主观体验的支持，它依赖于个体的情感经验，展现出个性特征，比如被人尊重、被人理解所带来的积极情感经验和内在的满足感，常与个人的主观认知和情绪紧密联系在一起。

## 一、社会支持主体呈现多元化态势

正如上文所述，根据社会支持理论，为乡村校长提供社会支持的主体可以具体分为以下十大类：政府机构及管理部门（如教育局、人社局、发改委等）、准行政组织（如妇联、共青团、关工委等）、公共文化服务机构（如少年宫、博物馆、图书馆等）、社会组织（如公益组织、慈善基金会、专业机构等）、社区、高等院校、其他中小学、企业、家庭以及其他个人（见图1）。

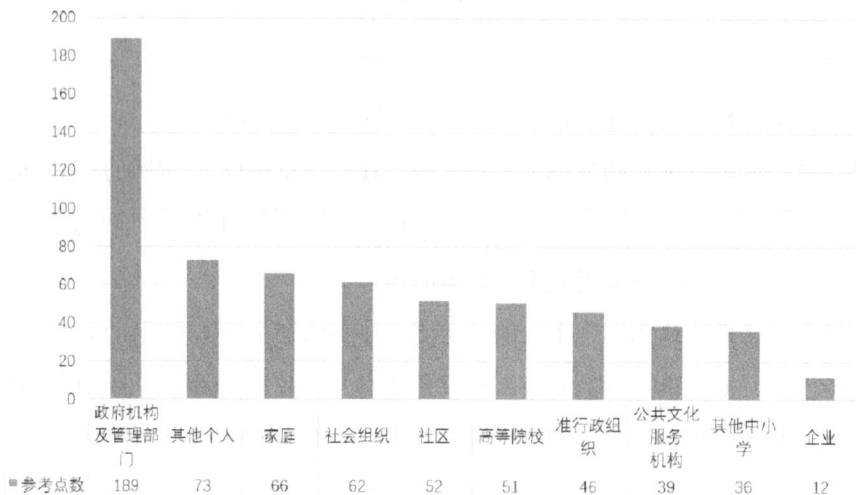

| 参考点数 | 189 | 73 | 66 | 62 | 52 | 51 | 46 | 39 | 36 | 12 |
|---|---|---|---|---|---|---|---|---|---|---|

图1　社会支持主体的十大类别

如图1所示，根据质性编码的参考点数量情况来看，乡村校长获得的正式社会支持要多于非正式社会支持，但非正式社会支持也是非常重要的一部分。乡村政府机构和教育部等提供的支持对乡村校长至关重要，共有189个支撑点。个人支持，如老领导、导师、同事和校友，也提供了73个支撑点。家庭支持，尤其是直系亲属的支持，对校长们同样重要，共有66个支撑点。社会组织、社区、高校和准行政机构的支持也受到认可。公共文化服务机构、中小学和企业同样提供了支持。

## 二、社会支持的内容以资源支持为主

据统计显示，乡村校长获得社会支持最多的是物力支持和财力支持，其次是人力、智力和情感支持，而与职业晋升和职业发展相关的发展支持只能从政府机构及管理部门这一主体处获得（见表2），具体来说：

首先，当前，以"资源输入"为主导的社会支持模式存在一些问题。乡村校长主要获得的是财力支持和物力支持，这种类型的资源注入式社会支持存在一些挑战。可能出现资源交叉或浪费的情况，因为不同主体可能会捐赠相同类型的物品，导致资源分配不均。这种支持往往缺乏系统性和长期性，无法解决长期存在的问题。

其次，智力支持日益成为社会支持的重要组成部分，并在其中扮演着重要角色。除了将财力和物力资源引入乡村学校，各种支持主体也越来越注重向乡村校长提供智力支持，以激发学校经营的内生动力并帮助学校构建可持续发展的能力。这种智力支持旨在为学校的长期发展提供帮助，以确保学校能够不断发展壮大。

第三，政府组织在政策上引入的人力支持对乡村校长起到了重要作用。然而，校长往往容易忽视社区提供的人力支持。政府机构通过实施轮岗、交流、支教、特岗教师等多元化政策，积极向乡村学校输送人才支持，有效缓解了乡村学校师资力量不足的问题。乡村校长们对此类政策的依赖程度较高。然而，我们需认识到，社区内人力资源储备充足，且易于挖掘。社区中不乏各类贤才和杰出的村民，他们能够为乡村学校提供坚实的人才保障。这些人才可以开设实践性课程，并提供课后服务，进一步丰富乡村教育内容。乡村校长应更加积极地探索和利用乡村社区的人才资源，实现教育的可持续发展。

第四，在广大乡村教育战线，校长们肩负着为国家培养人才的重任，他们身处偏远之地，以坚韧不拔的精神和默默无闻的付出，承受了巨大的压力和不公。实际上，他们非常需要情感上的关怀与肯定。情感支持是乡村校长们战胜困难、继续前行的强大动力，能够显著提升他们的自我效能感。因此，应当进一步强化正式社会支持系统在情感方面的功能，积极宣传并充分肯定乡村校长们所做出的社会贡献。通过这样的方式，可以更好地激发乡村校长们的工作热情，为我国乡村教育事业的繁荣发展贡献力量。

第五，在乡村地区，校长们在职业发展方面获得的支持相对有限。经过实证研究，我们发现乡村校长在职业晋升和职业发展方面的社会支持不足，许多乡村校长对自己的职业前景感到迷茫，认为无论付出多少努力，似乎都难以看到发展的希望，这进一步加剧了他们的职业倦怠。因此，政策制定者应当更多地关注乡村校长的职业发展规划，通过完善职级体系、岗位调整机制以及绩效薪酬制度，为乡村校长提供一个更加完善和多元的职业发展平台，从而增强他们的内在动力，激励他们在专业成长的道路上持续前行。

表2  各支持主体对乡村校长提供的支持内容

| 社会支持主体 | 支持内容 | 属性 |
|---|---|---|
| 政府机构 | 政策文本 | 政策支持 |
| | 经费补助 | 财力支持 |
| | 专业指导培训 | 智力支持 |
| | 人才补充支援 | 人力支持 |
| 准行政组织 | 课后服务 | 人力支持 |
| | 物资和资金捐助 | 物力支持、财力支持 |
| 公共文化服务机构 | 开展文化活动 | 人力支持 |
| | 提供活动空间 | 物力支持 |
| 社会组织 | 物资和资金捐助 | 物力支持、财力支持 |
| | 提供学习平台 | 智力支持 |
| 社区 | 物资和资金捐助 | 物力支持、财力支持 |
| | 活动场地 | 物力支持 |
| | 义务劳动 | 人力支持 |
| | 尊敬认可 | 情感支持 |
| 高等院校 | 专业指导 | 智力支持 |
| | 物资和资金捐助 | 物力支持、财力支持 |
| 其他中小学 | 专业指导 | 智力支持 |
| | 互相鼓励 | 情感支持 |
| 企业 | 物资和资金捐助 | 物力支持、财力支持 |
| 家庭 | 分担家庭事务 | 人力支持 |
| | 分享情绪 | 情感支持 |
| 其他个人 | 咨询指导 | 智力支持 |
| | 支持鼓励 | 情感支持 |

# 各类社会支持乡村教育的方式特征

## 一、社会支持方式的分类

依据各社会支持主体的动机、责任及能力状况，我们将各类支持主体的支援方式细分为四大类别（详见表3），具体包括行政式支持、公益式支持、互惠式支持以及自发式支持。这一分类体系旨在为各方提供清晰明确的支持路径，以确保支援工作的高效与精准。

第一种是行政式支持，主要来源于政府部门、高等院校和公共服务机构等，这些组织因法律或行政要求而承担支持责任，通常具备较强的支持动机。为了完成上级的扶贫任务并接受考核，他们往往能调动丰富的社会资源，增强支持能力。例如，《教育部关于高校定点扶贫工作的意见》明确规定高校必须提供人力和智力支持，并对其扶贫成效进行年度考核。这种考核压力进一步激发了高校的支持意愿。

第二种是公益式支持，社会组织和企业作为支持主体，虽然没有法定的义务或政策上的明确要求，但他们本着自觉自发的精神，积极主动地投身其中，展现了强烈的自主意识和能力。他们主动承担起对乡村学校的支持责任，其支持动机显而易见。然而，我们也不可忽视，这类主体在支持能力上存在一定的差异性和不均衡性。

第三种是互惠式支持，社区及其他中小学作为支持主体，其存在形式虽未受法律或政策明确界定，但鉴于双方基于共同利益的紧密联系，可实现近乎等价的资源互换，进而形成持续性的相互支持。总体来看，此类支持主体在能力大小和支持意愿方面存在较大差异。

第四种是自发式支持，主要来自家庭和重要个人，这些支持者并不受法律或政策的强制要求，因此其支持能力相对有限，通常依赖于个人的力量。

然而，由于与乡村校长建立了密切的私人关系，这些支持者往往具有较强的支持动机。总体来看，各种社会支持模式都有其独特的优点和缺点。

表 3　社会支持的四种不同类型及特征

| 社会支持的主体 | 特征 | 有无法律或政策要求 | 支持能力 | 支持动机 |
|---|---|---|---|---|
| 政府机构及管理部门 | 行政式支持 | 有 | 强 | 行政要求与考核评估 |
| 准行政组织 | 行政式支持 | 有 | 强 | 行政要求与考核评估 |
| 公共文化服务机构 | 行政式支持 | 有 | 强 | 行政要求与考核评估 |
| 高等院校 | 行政式支持 | 有 | 强 | 行政要求与考核评估 |
| 社会组织 | 公益式支持 | 无 | 差异较大 | 公益慈善与社会责任 |
| 企业 | 公益式支持 | 无 | 差异较大 | 公益慈善与社会责任 |
| 社区 | 互惠式支持 | 无 | 一般 | 共同利益与资源交换 |
| 其他中小学 | 互惠式支持 | 无 | 一般 | 共同利益与资源交换 |
| 家庭 | 自发式支持 | 无 | 弱 | 个人情感与人际交往 |
| 其他个人 | 自发式支持 | 无 | 弱 | 个人情感与人际交往 |

## 二、行政式支持的特征

（一）优势

1. 支持群体覆盖面广

在深入探讨教育精准扶贫的客观主体问题时，我们应当全面审视，该领域涵盖广泛，既包括目前正在接受教育的广大群体，也涵括了那些怀揣强烈学习意愿却潜藏教育需求的个体。国家扶贫政策的制定，主要以扶贫地区和扶贫对象为基准，其中涵盖了我国西部民族地区、乡村地区及其他贫困地区。主要扶贫对象包括家庭经济困难的学生、身体存在缺陷的特殊儿童、就业遭遇困难的学生，以及那些渴望学习的成年人。

在当前的扶贫政策体系中，所设定的精准扶贫目标群体具备丰富多样的内涵和特征，全面覆盖了正在接受教育的人群以及未来可能受益于教育的人群等多样化的贫困群体。

2. 支持能力强、资源广、成效好

为保证教育扶贫工作的顺利进行，国家设立了一个专项工作的脱贫攻坚领导小组，对各项工作进行统筹安排。在该小组的领导下，中央和地方的有关教育机构和各级地方政府，坚持层层负责的原则，财政部、发改委以及教育部等多个部门，相互配合，形成合力，将教育扶贫推向制度化和常态化。此外，为保证各项扶贫工作的联络工作能够顺利开展，政府还特别成立了一个扶贫工作组，一个是教育脱贫工作工作组，两个工作组分别致力于处理好它们之间的联络与协调问题；从而，能够有效地减少在传递贫困人口的信息时所造成的各类损失，从而保证了工作小组整体工作效率的提高。而在党中央、中央政府的科学领导下，可以充分调动社会资源，投入到脱贫攻坚工作中，让更多的人参与到教育扶贫工作中，为教育扶贫工作的成功实施提供了无穷的发展动力。与此同时，采用"执行效果＋政绩评估"的监管方式，可以保证在政策的执行中各个环节之间的协调一致，从而提高最后的执行质量。

总之，在推动教育脱贫的过程中，国家充分利用了各级政府的决策部署，加强了各个部门间的协作与合作。这是确保教育脱贫取得理想成效的关键。

3. 支持手段丰富多样

行政性支持采取一种多元化的模式，它能够在各个方面成功实现政策目标。一方面，需要创造各种有利的政策扶持条件，更好地推动相关贫困地区的教育扶贫工作，以确保受困地区的教育权利。同时，在国家政策的指导下，加大对农村义务教育阶段学校的资助力度，促进农村义务教育阶段学校建设的持续改善，并推动农村师资的持续培养和发展。

行政式支持可以优化扶贫手段，丰富扶贫工具的种类，从而更有效地提高贫困地区的全面教育质量，最终形成 1＋1＞2 的政策合力。

（二）不足

1. 支持制度设计的不足与缺陷

一方面，扶贫政策体系不健全是一个问题。例如，在资金政策投入方面，各机构部门之间的职责划分不明确，协同机制的构建不充分，绩效评估方面存在一些细节欠缺。这导致在激励相容的总体框架下，多元化的扶贫主体无法形成脱贫的合力。

另一方面，在多个主体的协同脱贫工作中，由于缺乏清晰、具体的体制机制，一些积极性较高的主体很难实现教育精准脱贫的目标。在扶贫对象的资源分配和多方协同方面，各利益主体很难达成共识，形成合力。同时，各个行业存在着"各自为战"和"自我中心化"的问题，这给实现教育精准脱贫提供有效保障带来了困难。如果各参与主体之间发生冲突或缺乏相应的解决办法，就无法切实保障各利益相关方的利益。

此外，我国的教育脱贫体制自身存在针对性和动态不足的问题。在许多地方进行体制设计时，缺乏整体考量，导致设置的体制缺乏针对性和差异性。因此，采用了一刀切或僵化的扶贫方法，未能完全体现个别学校和村庄的扶贫需求和特点。这种过于一元化的制度安排与贫困地区的教育需求存在明显脱节，导致各项脱贫政策缺乏有效衔接，政策间存在多种偏差。这妨碍了各地教育减贫政策的实施。

2. 对支持政策的理解出现偏差

在扶贫过程中，有些执行者未能充分理解精准扶贫的造血式和除根式活动的长远意义和基础性价值。某些地方政府出于对地方政绩的考量，过于追求一次性成绩的执行理念，试图通过强力、盲目的推进来实现精准扶贫。在这种官僚主义行为下，各种血液工程逐渐发生了变异，与中央确定的精准教育脱贫方针偏离较大。

此外，部分区域的底层执行人员对自己的责任缺乏清晰的认识。他们简单地将所有责任都揽在自己身上，缺乏协调和授权，导致实际利益与历史习俗产生冲突。此外，受到"官本位"思维的影响，一些执行人员在具体的扶贫工作中注重个人权力，忽视法律的约束。这导致扶贫工作出现一厢情愿和主观意愿等问题，使得部分农村学校失去了对他们的信任，也使得草根政权失去了人民的信任。

3. 支持政策的执行存在阻滞

具体包括以下几个方面：一是政策机械式执行。这指的是地方政府在实施相关政策时，没有充分考虑实际情况，没有对实际情况进行准确评估，而是机械地照搬上级政府制定的各项政策。这样的做法导致政策无法有效、准确地执行。

二是政策选择式执行，指在实施上级决策时，各地区会根据决策结果的优劣，作出相应的选择。如果某项决策对本地区有利，地方政府会积极推动执行；而对本地区不利的决策，可能会被延迟实施或被抛弃。

三是政策寻租式执行，指在实施过程中，政府官员将所拥有的各种政策资源视为特定的货物，试图将这些资源"私有化"或滥用。这种行为以谋取个人利益为目的，导致在政策执行过程中出现明显的异化现象。首先，底层官员将教育减贫视为创造政绩的"亮点"，将整个实施过程视为实现政权意愿的手段，并积极整合各种教育资源。在社会上，由于对标准工程和突出工程的高度评价，教育精准扶贫的目标和对象出现了明显偏差，存在扶强不扶弱、扶大不扶小的现象。其次，受制于底层社会组织和传统等级制度的限制，一些底层官员在行使权力时往往以人际关系为基础，而非以才智为基础。他们人为地调整教育精准扶贫对象，将一些本应得到支持的薄弱学校排除在援助范围之外。

## 三、公益式支持的特征

（一）优势

1.灵活拓宽教育扶贫资源的获取渠道

中国政府虽然具有卓越的动员功能，但仅仅依靠行政型的层级结构存在着一些问题，如信息不对称导致整合效率低下、资源错位等。在教育脱贫的过程中，借助自身的职业能力，可以发掘、链接和整合各种支援资源，这是实现教育脱贫的重要途径。同时，社会组织可以利用健全的组织网络、广泛的资源渠道和灵活的组织结构，充分发挥自身优势，更好地整合和提供教育脱贫所需的资源。

2.精准适应相对贫困群体多元教育诉求

通过对不同类型的贫困者的教育需求进行精准定位，可以更好地实现灵活扶贫。实质上，这意味着提升他们可持续发展的能力。社会组织本身具备赋权增能的专业技能和手段，可以利用多种方式加强与各方主体的协商，建立参与式的培训体系，促进本地和外来对象之间的融合、交流和对话，改变观念，持续为贫困人群注入活力，提高他们在未来发展中的心理调节能力，帮助他们逐步摆脱贫困。

3.实现教育扶贫技术手段的创新

要彻底消除相对贫困，需要一个系统性的整体进程，包括适应的制度和文化转型，以及相应的社会管理体制的优化和升级。当前，中国正处于"万物互联"和"协同创新"的智慧发展阶段，各种技术的交叉融合产生了连锁反应，对组织体系、管理模式和规则秩序产生了深远冲击。随着"互联网+"的发展，各类公益融资平台纷纷建立，以新媒介和新平台为主导的"社贫网"正式成立，慈善风险投资活动在脱贫攻坚中发挥重要作用。在这些平台的推动下，社会组织正在进行深刻变革，同时也对教育脱贫的操作方式和平台进行了优化和调整。

4. 推进教育贫困治理体系和治理能力现代化

近年来，在乡村教育管理中引入社会资源，并充分发挥其监管和评估功能，是农村教育精准脱贫的重要探索。在全国范围内，相关教育体系改革的意见和实施办法相继出台的同时，对于"健全第三方评价机制"的社会需求也日益增加。

在专业层次上，第三方评价与教育监督组织的参与使得国家对社会经济发展的重视程度大大提高。然而，由于乡村地区的发展目标、实际环境和发展速度存在较大差异，从国家到地方很难形成一致的监测与质量评估模型。因此，需要第三方机构全面参与农村教育治理，并根据当地特色持续探索并积累一些有地域特色的农村经验。无论是仅仅依靠政府还是仅仅依靠社会组织，都无法独自承担起艰巨而繁重的教育脱贫工作。因此，需要从全局出发进行规划，充分发挥市场的作用，健全基础设施，充分利用国家的合作机制。同时，要充分利用社会组织的多种能力，实现多中心治理，并推动权力合理分布和科学转移，以充分发挥各方的优势职能。

（二）不足

1. "非对称性"政社关系制约社会组织参与教育扶贫效能的充分释放

在我国，教育扶贫是由政府主导的行动，是以政府为主体、社会团体为支持的教育扶贫战略的实施。然而，政府在实施过程中往往面临移动能力和空间控制的限制。此外，在政企合作中，人们普遍倾向于选择经济理性的合作伙伴，因此政府在选择社会组织合作时通常会选择正式背景的组织，并通过建立委托代理关系将政府目标纳入社会组织中。这种方式会扩张政府的职能。

在这种情况下，缺乏足够资源支持的社会组织逐渐或被动地融入由政府层级组成的运作体系中，失去了自身独特的优势和功能。这样的情况下，教育扶贫中可能出现扶贫目标和扶贫对象的偏差等多种风险，导致扶贫对象的教育需求无法得到充分保障和满足。社会组织的独立性和自主能力无法充分体现，无法完全发挥其在教育扶贫过程中带来的特殊效益。

2. 制度体系的不完善导致社会组织参与教育扶贫行动空间的窄化

体制的不健全严重限制了社会组织在贫困领域发挥作用的空间。首先，双重注册制度提高了社会组织参与社会管理的门槛。其次，我国的教育扶贫法律法规尚不完善。虽然在国家层面已经出台了教育扶贫政策并形成了一系列规范性文件，但指导性强、以行政法规为主。在某些问题上，比如哪些社会组织有权参与何种类型的教育脱贫以及如何评估它们的成效等，社会上还没有达成一致意见，因此无法发挥规范化和制度化的作用。

3. 社会组织自身能力的不足削弱其教育扶贫行动的参与程度

目前，我国的社会组织发展程度不一，且存在较大的差异。在它们的具体运作过程中，仍然存在许多问题。

第一，在吸纳社会组织资源方面，其作用相对较弱。目前，我国的社会组织主要依赖一些机构、大型企业和国际性团体的捐赠，以及来自国家的资金支持来获得资金来源。相比之下，来自社会力量的捐款或会费的比例仍然很小，不到总资金的5%。

第二，社会组织的管理体制存在不健全的问题。其中最突出的表现是缺乏金融监督体系和信息披露体系。据调查显示，仅有14.7%的社会团体拥有健全的财务报表体系，并接受外部审计机构的审计。超过50%的企业没有建立财务报表系统，也没有接受相关部门的审核。可以说，当前的社会组织仍然存在着监督不足的情况，缺乏内部的约束机制，从而导致其腐败风险日益增加。

第三，缺乏专业化组织人才。特别是在教育扶贫领域，积极进行专业的扶智工作是必要的。教育扶贫的服务对象广泛，且不同对象之间存在较大差异，因此需要教师具备较高的教学素质。调查显示，目前从事教育脱贫服务的公益组织中，只有27.6%的人员拥有教育资质（其中大部分是企业派遣的商业或服务业从业人员）。

第四，缺乏足够的社会组织协同。我国的社团成立时间较短，没有形成健全的社团协作机制，社团间的信息交流也不够充分。在教育扶贫方面，由于缺乏清晰的界定和功能划分，实际的扶贫工作中存在着"各自为战"和"项目分散"的问题。交叉问题也十分明显，导致教育扶贫资源的浪费较为严重。

## 四、互惠式支持的特征

（一）优势：物质、文化与人力资源的共享共建

乡村社区对乡村校长的支持，体现了典型意义上的"互惠互利"原则。乡村社区为乡村小学教育课程的开发与实施，提供了坚实的教育资源保障。

首先，乡村社区蕴藏着丰富的历史和传统文化，如古建筑、古籍和民俗，形成了深厚的社会文化底蕴。这些文化资源与当地的人文习俗密切相关，为乡村学校的校本课程开发提供了良好的基础。在教学中，利用这些资源不仅能让学生学习到更多的人文知识，还能增强他们对家乡的情感认同。

其次，乡村学校与社区之间形成了相辅相成的关系。乡村社区充当教育的实践基地，而学校则是进行各种活动的中心。乡村广袤的地域和良好的自然条件为学校提供了丰富的课外实践资源，使其成为大学生的"第二课堂"。学校的教育设施在社区中通常是最为完备的，然而有时这些设施会处于闲置状态。在这种情况下，社区可以有效利用这些资源，开展多样化的活动。

第三，各级学校与社区之间存在着紧密的合作关系，双方可以相互借调大量劳动力资源。无论是校长、教师还是广大学生，均应积极投身于文化艺术活动，为社区文化事业的发展贡献智慧与力量。在乡村地区，我们更应发挥乡贤、有才智的民间人士以及长者的积极作用，鼓励他们与村民一道，参与到学校建设与发展的各项工作中来。他们将为学生们带来丰富多彩的文艺、体育及实践类课程，同时协助策划并组织各类校园活动，为学生的大型活动提供坚实的后勤保障。

（二）难点：考验乡镇政府的大局意识和资源能力

现行的教育管理制度"以县为主"，这种制度在学校财务和人员管理方面高度依赖县级教育部门，对学校的各项教育工作进行考核和评价。因此，乡镇政府是否愿意在教育上投资，积极支持乡村学校的发展，不仅是对乡镇政府领导干部思想高度、大局意识和发展意识的考验，也是对乡村学校与社区关系的考验。同时，农村教育的发展也对乡镇政府在争取和利用资源方面提出了更高的要求。据了解，一些乡村对所辖学校的投资非常有限，这一现象既与以县为主的财政管理体制有关，也反映了一些乡镇财政困难的状况。由于资源有限，他们只能将有限的资源优先用于能够迅速见效的领域，对于长期的教育投资并不愿意花费大量真金白银，更多的是提供一些非常有限的支持。

## 五、自发式支持的特征

（一）优势："重要他人"的积极影响

"重要他人"（significantothers）乃心理学与社会学领域共同关注的重要概念，特指那些对个体自我发展进程产生深远影响的群体或个体，包括但不限于父母、教师、亲朋好友以及备受敬仰的偶像人物。对于乡村校长而言，重要他人是在他工作和生活中对他具有很大帮助，产生重要影响的人，重要他人可能是他的父母、妻子、儿女，也可能是他的领导、老师、朋友等。他们可以在最困难的时候，毫不犹豫、不计报酬地提供协助，当他们迷茫的时候，为他们提供建议，当他们受挫的时候，为他们打气；当他们忙的时候帮帮忙。在调查中发现，乡村校长的生活中，重要他人对他们产生了显著的积极影响。这些人不仅提供人力和情感支持，还给予智力和发展方面的帮助。在关键时刻，这些重要他人的支持显得尤为重要，他们在提升乡村校长的身体和心理健康、以及推动其事业发展等方面，均发挥了显著的正面作用。

（二）不足：易产生依赖性和不公平性

一些乡村校长容易对重要他人产生依赖性，遇到问题时习惯寻求他们的意见和帮助。长此以往，校长们对学校发展的深度思考减少，个人能力提升受到影响。此外，当乡村校长与重要他人关系密切时，特别是后者在教育管理中担任重要职务时，可能会导致行政管理的不规范和不公平现象，尤其在评奖、评优和职称评定等方面出现偏袒。这种状况对教育管理系统产生负面影响，助长了"搞关系"的不良风气。

# 社会支持作用机制的实质理论建构

在构建实质理论的过程中，我们秉承扎根理论的研究方法，深入挖掘原始资料，通过严谨的总结与分析，依托于对既有数据的深度剖析，提炼出核心类属。进而借助核心类属之间的内在联系，自下而上地搭建起实质理论的框架，确保理论的科学性、系统性和前瞻性。

## 一、核心类属的关联：社会支持对职业压力的作用机制

在这里，以 1990 年施特劳斯和科宾出版的关于质性研究的书《Basics of Qualitative Research》中的编码范式模型，将所有重要的类属按中心现象发生的过程顺序关联起来：（A）原因——（B）现象——（C）情境——（D）干预条件——（E）行动——（F）结果，核心类属的关联能够以故事线的方式将各种理论假设整合起来，以回答乡村校长在承受巨大的职业压力之下，社会支持对缓解职业压力的作用机制，见表 4。

表 4　乡村校长获得社会支持对缓解职业压力的作用机制

| A【原因】 | 组织外因素：城镇化背景下乡村教育的生态危机 |
| | 组织内因素：组织制度的逻辑冲突和组织文化的公平缺失 |
| | 个体因素：角色领悟能力与角色应变智慧的不足 |
| B【现象】 | 乡村校长承受着巨大的职业压力 |
| C【情境】 | 乡村校长的原生职业压力与次生职业压力（属性与维度的组合） |
| D【干预条件】 | 社会支持的获得与利用 |
| E【行动】 | 乡村校长们采取了分化的策略来对待社会支持 |
| F【结果】 | 职业压力程度的差异 |

（一）因果条件

研究指出，乡村校长承受巨大职业压力的原因主要有三方面。首先，组织外的因素在城镇化进程中使乡村教育面临生态失衡。其次，组织内的因素包括个人逻辑、组织逻辑与政府逻辑之间的冲突，以及因高权力距离导致的组织文化公平感缺失。最后，个体因素指的是乡村校长在角色理解与应变能力上的不足。这三种因素的交织共同造成了乡村校长面临的重大职业压力。

（二）现象与情境

如表5所示，在探讨乡村校长的职业压力时，我们可以从两个维度进行分析：即"类型"和"强度"。所谓"类型"，涵盖了原生压力与次生压力两个方面。原生压力指的是乡村校长在办学过程中直接遭遇的职业压力，其来源广泛，涉及个人微观系统、学校中观系统、组织外层系统以及社会宏观系统。次生压力则是在乡村校长应对原生压力的过程中所产生的连锁反应，主要体现在个体层面、人际层面以及社会参与层面的主动增权行为上。至于"强度"，则涉及压力的大小，即压力的程度。通过将这两个属性与维度相结合，我们可以划分出乡村校长职业压力的四种类型。

表5　乡村校长职业压力类型与强度交叉分析表

| 类型 ＼ 强度 | 次生压力强 | 次生压力弱 |
|---|---|---|
| 原生压力强 | C1 | C2 |
| 原生压力弱 | C3 | C4 |

C1类型的乡村校长在原生压力和次生压力方面都很强烈。这类校长充满职业动力，渴望实现教育理想并改善乡村学校的现状。然而，他们在获取和利用社会支持的能力上较为薄弱，能够获得的正式与非正式支持都相对较少。在这样的情况下，他们承受的压力显得尤为巨大。

C2 类型的乡村校长面临着强烈的原生压力，但次生压力相对较弱。这类校长通常很少获得来自政府管理部门的正式支持，且当地教育资源分配不均，导致他们在与上级管理和其他部门沟通协调时面临困难，因此原生压力较为显著。然而，他们在获取和利用社会支持方面能力出众，往往能够通过自己的努力，从多种渠道为学校争取到丰富的非正式支持，这使得他们的次生压力得以降低。

C3 类型的乡村校长在原生压力方面较弱，而次生压力则较强。这类校长通常位于发展良好的乡村学校，所处地区经济水平和教育资源投入相对充足，因而享有稳定的正式支持。尽管原生压力较小，他们却有着更高的职业愿景和动力，期望通过自己的努力为学校争取更多的发展资源，这使得他们的次生压力显著增加。

C4 类乡村校长，在原生压力与次生压力方面均表现出一定的薄弱环节。此类校长往往职业动力不足，甚至可能产生职业倦怠现象。他们对于现状的调整与改进意愿不强，同时对社会支持的期望值亦不高。因此，他们在面对压力时，所承受的压力相对而言较为轻松。

## 二、实质理论的形成：分化的行动策略作为干预条件的影响

在面对职业压力带来的种种挑战时，乡村校长们积极采取了差异化的应对策略。首先，他们主动出击，寻求社会各界的支持与协助（E1）。其次，他们保持耐心，被动等待社会各方面的支持与援助（E2）。最后，他们以一种较为消极的态度应对社会支持，力求在困境中寻求突破（E3）。

实施差异化社会支持战略举措，将对乡村校长获取官方与非官方支持产生深远影响，进而左右其对正式及自致性资源的斩获，最终作用于校长原生及次生压力的纾解程度。

依据社会支持理论，正式支持是指由正式组织的各级支持主体，如各级政府、各类组织及机构等，所提供的坚定有力的支持。这种支持展现出明确

性和持续性的特质，通常伴随着政策或法律的明确规定。

以支援主体的支援行为是否符合政策规定或法律要求作为评判标准，其中，正式支援主体涵盖政府机构及管理部门、准行政组织、公共文化服务机构以及高等院校。

非正式支持的展现形式往往带有不确定性，并且通常缺乏相应的政策和法律基础。此类支持主要源自社会团体、企业、社区以及其它中小学、家庭和个人。相对而言，正式支持则依赖于正规配置系统，由相关机构向基层学校提供必需的正规资源。接下来，本文将深入分析乡村校长在采取不同行动策略时，社会支持如何影响其职业压力的路径和效果。在下图中，"+"符号代表获得支持的程度，符号数量越多，表示获得的支持越充分。

（一）采取主动寻求社会支持的行动策略

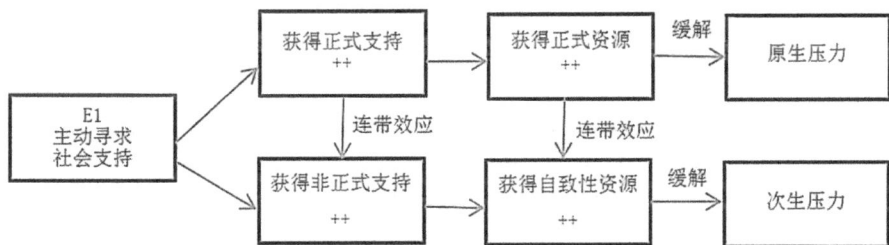

图 2　采取 E1 行动策略的作用路径图

如图 2 所示，积极主动寻求社会支持的乡村校长能够依托组织分配制度，从政府机构和管理部门获得正式支持。这类校长的积极表现促使组织作为理性经济人，出于利益最大化的考虑，更倾向于为他们分配更多资源，以培养一批优秀的乡村校长并建设优质乡村学校，提升品牌形象和政绩。同时，正式支持的增加会带来"连带效应"，也会提升非正式支持的力度。

在这里，"连带效应"指的是政府机构和管理部门采取财政支持、建立资源链接、推动体制机制等一系列扶持政策与措施，创造了一种激励和吸引民间支持的良好环境，使得乡村社区、企业、社会公益团体等在一定程度上被民间社会力量所吸纳并融入乡村教育支持系统中。这样，乡村校长就可以得到来自民间的物质、资金、人力等方面的支持。同时，与乡村地区学校发展密切相关的乡镇政府和乡村干部也成为主要的支持力量，以适当的方式融入当地乡村学校的社会支持网络中。

此外，县教育局作为乡村小学的管理部门，凭借其丰富的资源和权力，在乡村小学社会支持体系中扮演着至关重要的角色。这无疑会激发其他社会主体对乡村学校和乡村教育事业的关注。因此，以县教育局为核心构建的社交网络一旦形成，将具备强大的转化力量，能够催生并连接新的支持资源。

因此，在这种"连带效应"的影响下，乡村校长所获得的正式资源（即组织依据正式配置制度赋予乡村校长的资源）以及自致性资源（即乡村校长从非正式支持主体处获取的资源）均有所增长，有效减轻了其职业压力中的原生压力和次生压力。

## （二）采取被动等待社会支持的行动策略

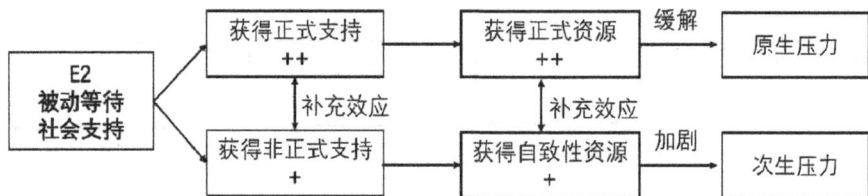

图 3 采取 E2 行动策略的作用路径图

如图 3 所呈现，那些采取被动等待社会支持行动策略的乡村校长，其组织仍将依照政策的分配制度，对他们施以应有的正式支持。他们亦乐于接受并运用这些分配的正式支持资源，进而使得他们的原生压力得到缓解。此类乡村校长深信，正式支持与非正式支持之间存在着相互补充的关系。他们认为，正式支持所能提供的资源与非正式支持所能提供的资源虽各有不同，但其补充效应却凸显了两种支持内容的差异性，强调了两者无法互相替代的事实。因此，他们主张，在获得正式支持的同时，亦非常有必要争取非正式支持。然而，鉴于此类乡村校长在争取社会支持方面的渠道与能力有限，往往仅能被动等待非正式支持的降临，这无疑又加剧了他们的次生压力。

（三）采取消极应对社会支持的行动策略

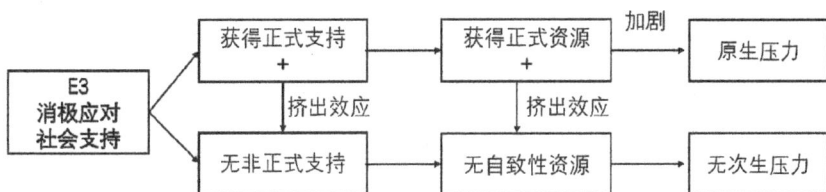

图 4  采取 E3 行动策略的作用路径图

如图 4 所示，采取消极应对社会支持行动策略的乡村校长，组织依然会基于政策的分配制度而给予他们应有的正式支持，但他们无意改变现状，并不想利用社会支持来做出改进，他们甚至已经产生了职业倦怠，有些抗拒组织给予的正式支持，认为这些社会支持反而增加了他们的工作量，让他们增添了开会、填表格、统计数据等行政工作，增加了他们的负担，因此他们感觉组织给予的正式支持反而增加了他们的原生压力。

此类校长往往秉持一种观点，即正式支持与非正式支持之间存在一种替代关系，他们强调正式支持与非正式支持所提供的内容具有高度相似性，因而认为无需重复提供相似的支持。在"挤出效应"的影响下，正式支持的增加会导致非正式支持的减少。然而，这类乡村校长本身对非正式支持的需求就不强烈，因此，他们不会因正式支持的增加而感受到次生压力。

# 乡村校长获得社会支持系统的构建模型和运行保障

乡村校长的社会支持体系，是在其与各社会主体及环境互动中所构建的一个有机整体。该体系涵盖了政府部门及管理机构、公益组织、社区、高校等多元社会主体，通过沟通、协商、合作等互动方式，形成了一个紧密协作的有机整体。此体系不仅为乡村校长提供了决策咨询、资源补充、信息反馈、矛盾调解等多方面的支持，更致力于提升乡村教育的发展水平，缓解乡村校长的职业压力。基于此，各方主体秉持着信任、共享、共赢的理念，以乡村校长和乡村教育为根本服务对象，共同打造了涵盖资源支持、智力支持、发展支持、情感支持四大板块的社会支持体系。该体系充分发挥了系统性、整体性的优势，推动乡村校长全面履行职责，推动乡村学校深化改革，共同分享乡村教育振兴的硕果。

## 一、社会支持系统的价值认同

### （一）信任是建立支持系统的基础

信任是人与人之间进行合作的前提和基础。要建立长久的社会联系，彼此之间的信任至关重要。然而，目前乡村教育所涉及的各方面都存在着许多不信任的情绪。

首先，社交场合中产生的猜疑是一个问题。民众对乡村地区的发展支援缺乏认识和信心，认为乡村地区与城市地区存在较大差异，缺乏扶持和发展的价值。与此同时，相关单位对学校的工作能力和回应存在问题，学校对工作态度存在偏差。大众媒体对农村支持教育政策的报道不够透彻，常常追求炒作新闻，选择性报道，甚至出现"标题党"等行为，这给乡村教师带来了更多的舆论压力。

其次，教育领域内部也存在着猜疑。家长对乡村学校校长和教师的管理能力和教育水平提出了质疑。由于担心家长无法理解、支持和合作，校长们不愿意进行管理上的革新，也不愿意承担更多责任。同时，校长们对那些希望提供社会支持的社会组织持怀疑态度，担心他们可能居心叵测，会损害家长和学生的教育利益。

在乡村地区的社会支持体系中，不同的主体之间存在着不同程度的不信任。这种不信任在政府、学校和社会支持体系之间表现为隐瞒信息、缺乏支持、缺乏合作甚至敌对的行为。

要扭转这一状况，需要进行一系列的改革。首先，增进交流与了解，提升各方对乡村教育振兴的认识与信任。政府及有关单位应主动倾听各方需求与呼声，为他们的发展提供所需的支持与资源。在乡村地区，新闻媒体应客观、全面地报道乡村的发展与成就，避免选择性报道和夸大标题。在教育界中，建立家长、教师和校长之间的互信机制，加强家校交流，增强彼此的信任感，形成一个紧密团队，共同追求同一个目标。只有这样，才能确保各方在公平、开放、公正的环境中获取和分享必要的信息和资源。通过排除可能存在的误会和敌对情绪，增强全面支持的影响力，各种支持机构才能主动伸出援手，帮助有困难的乡村校长和乡村学校。

（二）共享是建立支持系统的关键

在推进乡村教育振兴的伟大征程中，我们见证了政府、教育局、乡村学校、校长、教师、学生、家长等直接利益相关者的积极投身，同时，社区、社会组织、乡镇企业、城区学校等间接利益相关者的作用也不容忽视。这些参与者在社会利益的创造与分配中扮演着不同的角色，其利益分配的权力和诉求表达的渠道亦存在差异。鉴于此，构建共同的话语体系和利益共享机制，促进各支持主体与支持客体之间的高效协作，显得尤为必要。我们应倡导共享、互助、奉献、利他的公益精神，确保各方主体能够基于共同的利益目标，展开平等、互利的合作，为乡村教育的振兴贡献力量。

为构建乡村校长社会支持体系，必须在共同认识的基础上推动各方利益深度融合。首先，在社会支持系统中，应构建起分享与协作的利益共享机制。其次，要搭建各利益主体间的信息表达与交流平台，特别是要确保乡村校长等弱势群体的合法权益得到充分保障，并培育其合法权益意识。通过培养他们的利益表达能力，拓宽他们的利益参与渠道，使他们能够在理解与合作的基础上，共享乡村教育振兴的公共利益。

（三）共赢是建立支持系统的目标

振兴乡村教育可以有效遏制贫困代际传播，提升农民的整体素质。为了推动乡村的现代化发展，需要综合提升乡村的发展水平，改善乡村的文化环境，并推动乡村的经济和社会发展。这是最重要的一点。建立一个支持乡村校长、乡村学校和乡村教育发展的社会支持体系对整个社会来说是互惠互利、共建共赢的。在乡村中，要形成良好的社会氛围和良好的社会风气，培养更多优秀的人才，必须通过教育推动乡村的发展。在新时期，乡村教育特别是义务教育的发展是当务之急。通过政府、学校、社区、家长、企业等多方力量的协作，构建一个社会支持体系，为乡村教师和乡村学校提供帮助，逐步提升乡村教育水平。这样可以使乡村学校与城市学校在教学品质上保持一致，减少城乡之间的教学资源差异，推进教育平等。在城镇地区，乡村教育的蓬勃发展对于推动县域义务教育均衡发展具有重要意义，有助于优化县域教育生态体系，有效解决城镇与乡村间教育资源分配不均的问题，实现城乡教育的共同进步。通过高质量的义务教育普及，能够提升县域人力资本素质，促进县城城市化与乡村振兴战略的有机结合，实现双赢局面。

## 二、社会支持系统的模型建构

针对乡村校长的社会支持，主要体现在智力、财力、物力、人力及情感等方面的支持与发展，这些支持内容可划分为四个子系统：资源支持系统、智力支持系统、发展支持系统以及情感支持系统。这四个子系统需实现充分整合与协同运作，共同助力乡村校长社会支持系统的功能发挥，从而有效减轻乡村校长的职业压力，推动乡村教育事业的蓬勃发展。

（一）资源支持系统：鼓励多元投入

乡村校长社会支持体系的构建，必须依托于坚实的资源支撑。资源支撑体系涵盖财政、物资及人力资源等多个维度。为确保支持系统的高效运作，我们务必保证充裕的财政投入和人力资源配备，从而构筑起坚实的基础保障。在此基础上，我们应持续优化和提升，确保各项支持措施落到实处，为乡村教育事业的蓬勃发展贡献力量。

1. 加大投入力度，追求精准配置

乡村校长面临的最大压力之一是资源短缺。为了减轻他们的压力并推动乡村教育的发展，首先需要从财力、物力、人力等方面着手，合理分配教育资源。在确保可持续提供教育扶贫资金的前提下，推动资金供给和使用模式的转变，探索如何提升资金投入和分配的精确度。

首先，需要建立教育扶贫资金的长期稳定投资增加机制，确保扶贫资金的增长率。由于我国经济基础、资源分布和环境条件等因素存在差异，各贫困县所面临的致贫原因和问题也不同。在这种背景下，应采取"精准支持"的思路，以需求为导向，因地制宜地实施教育脱贫措施。针对各贫困县和乡村，应深入研究其致贫机制，深入分析制约教育发展的瓶颈因素，充分了解贫困人群在教育方面的需求，以便能够精确地分配教育扶贫资源给贫困地区。解决薄弱学习和贫困人口最紧迫的需求，充分利用教育的精准扶贫，提高管理效率，持续提升资金投资和分配的准确性和科学性。

其次，国家可以采用不同的配额体系进行资金配置，通过奖励和补贴相结合的方式推动教育扶贫。同时，要坚持"放管结合"的原则，根据实际情况合理分配教育经费，确保经费的可操作性和实际效果。以乡村地区义务教育为出发点，建立资金补充机制，构建完善的义务教育体系，打破贫困的"魔咒"，提高贫困县获取优质教育资源的能力，及时调整资金和资源的供应决策，监督流向并评估使用效果。

2. 规范转移支付，避免经费截留

第一，减少财政转移支付的中间环节，进一步改革省直管县制度。通过对省级财政转移支付中存在的截留和挪用现象进行研究，发现在某些地区已经尝试了教育财政省直管县制度，并且政府倾向于向县乡政府进行财政转移支付，这意味着县级财政在上级教育财政转移支付方面具有更大的优势。在乡村地区，实施教育财政转移支付更加安全可靠，可以促进教育发展的顺利进行。

第二，以县为研究区域，从区域特点、教育需求和财政能力等方面入手，构建一个量化、规范、科学的转移支付体系，以降低其随意性和主观性。

第三，加强对义务教育转移支付问题的监督和管理，并积极制定相应的法律和条例，推动义务教育转移支付的法治化和制度化发展。

3. 鼓励多方筹措资源，建立多元投入机制

要在政府的指导和管理下，充分调动各种社会力量的影响，鼓励和引导各种社会组织参与乡村教育的治理。通过资金扶持和政策支持等手段，将各种社会组织与农村、学校和村民更紧密地结合起来，充分发挥各自的优势，激励和引导各种社会组织帮助解决乡村教育面临的问题，以减少对乡村教育的不利影响。

（二）智力支持系统：优化培训体系赋能内生发展

智力支持系统是乡村校长社会支持系统中的核心要素。扶智是教育扶贫的根本途径。要为农村校长们提供全方位的智力支持，包括专业培训和决策建议，以协助他们改变思维方式，寻找突破口，提升办学能力和管理水平，实现学校教育管理的现代化。通过这样的支持，能够为乡村学校带来持续的发展动力，真正推动乡村学校走向振兴之路。

1. 建立经费保障机制，推进培训常态化

首先，建立健全财政投入为主体、社会投入和个人出资相结合的乡村中小学校长培训经费投入机制。鼓励和支持个人、社会组织和企业通过多种渠道和方式向乡村学校捐赠资金，以支持其专业化发展。各级政府和部门应按照"谁举办、谁培训、谁负担"的原则来进行农村中小学校长的培训，避免向小学校长额外收费。其次，需要建立和健全学校财政拨款预算制度，对学校经费预算进行优化。教师薪酬标准应根据生源和人才培养质量确定，并实行专款专用原则。同时，应加强资金监督，提高资金使用效率。

2. 加强培训基地建设，开展多元化的智力支持

除了需要建立和完善制度化的培训体系，还应根据时代发展需求、教育发展要求以及农村教育的特点，建立一个布局合理、上下贯通、分工明确的培训体系。这个培训体系应该由具有互补能力的培训组织网络系统组成，以确保各级培训组织具备基础教学设备和培训方法，并配备专职和兼职教师，以满足乡村中小学校长的培训、教学和研究需求。同时，要发挥国家、省和市级的优势，探讨县域内培训组织的功能，倡导教育和发展的一体化。

3. 利用信息化手段助力乡村教师提能

通过教育信息化网络的建设，可以快速连接城乡和农村学校，实现高质量教育资源的共享。这对于缩小城乡教育差距、推动教育均衡发展起到积极作用。因此，需要加快建立电脑远程教学平台和乡村中小学校长的专业发展门户网站，为乡村中小学校长的培养工作提供必要的信息和技术支持。

一是通过实现教学资源的共享，突破教学中存在的信息障碍，从而实现教育的平等。为了确保每个人都能平等地获取教育信息，教育主管部门应全面整合当前的教育信息平台，以实现各类教育信息的高层次共享。要建立一个权威且统一的教育信息发布与交流平台，让各级学校，尤其是偏远地区的学校，能够更快地获取教育信息并加强彼此之间的交流。在学校内部，这对于学生平等接触教学资料至关重要。

二是通过建立教师的远程教育平台，提升教师的综合素质，而教师在教

师队伍建设中起着举足轻重的作用。为了更好地推进教育均衡发展，要加强对边远地区教师素质的培养。例如，可以结合地方的具体情况，构建教师自主学习平台和远程教师培训平台，为偏远地区的教师提供更多继续教育的机会，从而提升他们的素质。这样的举措将有助于弥补教育资源的差距，并促进教师的专业成长和教学能力的提升。基于此，笔者所在的翟王镇教育园区通过希沃资源等培训平台，给老师们提供了优质的培训课程，该学区正在朝向教育信息化 2.0 的目标迈进。

三是要建立完善的教育信息资源数据库，实现高质量的教育信息资源共享。在建设全国统一的教学资源站点的同时，根据各地的实际情况，建设区域性的教学资源库。这样，教师和学生就能够有效获取教学和学习资源，同时对服务器的数据流量进行分流，从而降低城乡差距过大的问题。培养未来的人才，不能只凭一张嘴，一支粉笔。为了让更多老师和学生拓展思维，翟王镇教育园区引进新东方 OKAY 智慧课堂项目，初中阶段实施智能教育，配备最优秀的骨干教师任教，大大提升了教学质量。

（三）发展支持系统：推进职业发展，拓宽发展空间

发展支持体系是社会支持的动力源。其中，重点是对乡村校长的职业发展、职业晋升以及岗位流动提供支持。特别是要建立起一条良好的职业发展通道，拓宽他们的职业发展空间，并建立一个合理的岗位流动机制。这样，不仅能够让优秀的校长有机会晋升，也能够让不合格的校长能够被更合适的人员替代。同时，还需要构建一套适用于乡村校长的升迁制度与激励机制，以提高他们的专业干劲并激发工作潜能。

1.完善晋升体系，拓宽发展空间

首先，需要构建和完善国家主导、省级统筹、属地管理、县级为主的乡村学校校长职业成长管理体系。各级政府应从健全校长职业规范和建立校长资格准任制度等方面着手，选拔和使用具有才能的学校校长，使其充分发挥学校领导的作用，同时排除不合格的候选人。为学校校长的选拔和竞争岗位

实施提供良好的基础。修订和健全中小学领导干部的培养办法，对其进行选拔、培养和管理。同时，运用将选聘、培养、管理、使用、交流自然捆绑等方式，健全校长的职务聘任程序，建立现代企业管理体制，实行校长责任制。坚持管、办、评分开，进一步拓展学校的管理自主权。

其次，需要进一步推进学校的去行政化改革，并实施学校的职务晋升制度，为校长提供更多的晋升机会。针对校长队伍的专业化构建，需要建立一套校长专业职级评定标准和岗位通道，对符合要求的校长进行综合评定，并进行分级聘任和综合评定等工作。从而构建乡村中小学校长职级晋升的长期机制，并以校长的素质和工作绩效为依据，对其进行评定，每个等级都对应相应的职级津贴。工资将根据工作需要适当调整。同时，需要建立完善的激励体系，实行校长职级年度奖励金制度，根据校长的职级和年度考核等因素全面计算奖励金的发放。

2.完善培训机制，促进专业发展

要根据不同地区、不同发展阶段和不同层次水平的需求，建立起适合乡村中小学校长专业发展的支持和服务方式。这包括工作前的准备阶段、新员工的培训阶段以及专业巩固阶段。乡村中小学校长在职业发展的成熟期、高原平台期和退休期这三个阶段，对所需的支持重点也不同。建立适应国家、省、市和县级的培养模式，构建可持续发展的培养机制和体系，以国家为示范、省为骨干、市为主体，并为农村学校的领导干部提供更多学习和表现的空间。充分利用暑假与知名企业和高校合作，组织乡村中小学校长的集中培训和学习，健全校长学习成果分享机制。

（四）情感支持系统：建立情感共鸣，加强身份认同

在整体的社会支持体系中，情感支持体系扮演着一种精神纽带的角色。情感支持系统可以使乡村校长获得更多积极的情感互动，感受到社会公众的理解和体谅，村民和家长的尊重和敬爱，以及政府和领导的关心和重视。这些情感支持在乡村校长面临困难和压力时起到重要的缓冲作用，让他们能重

新振作起来，勇敢面对困境，并得到鼓舞和安慰。情感支持还有助于提升乡村校长的专业价值和自我认同度。

要激励乡村校长坚守乡村教育、振兴乡村教育，必须进行乡村社会教育生态的改革。这种改革应以乡村社会为导向，以专业为导向，以经济为导向，以社会为导向。在各个方面都要提高乡村教师的社会地位，培养一种尊重教师的行为方式，从整体上增强农村教师的认同感，并鼓励更多有抱负的人加入教育界。特别是那些希望在教育领域有所建树的人，都可以为教育事业做出自己的贡献。

## 三、社会支持系统的运行与保障

（一）运行机制

从总体上讲，社会支持系统应该建立四个全面的运行机制。

1.动机激励机制

在管理科学中，动机激励机制是一种隐含在系统行为背后的"看不见的手"。要有效地实现动机激励机制，不仅需要依靠自组织机制，还需要依靠外部组织对动机的激发、引导和强化。

2.权力制衡机制

为了使这个体系更好地发挥其应有的作用，其中最重要的因素是权力的制约和平衡。权力制衡机制指的是为了确保制度具有良好的结构、高效的功能和和谐的关系而采取的一种权力约束方法。包括两种方式：以权力制约权力和以社会制约权力。

3.利益协调机制

利益协调机制，是指为了处理系统内部众多利益主体之间的矛盾，增强利益表达的通达性以及利益冲突的调和性，而特别设计的一系列制度，这些制度旨在均衡子系统之间的结构、功能和相互关系。

4.协同治理机制

协同治理机制旨在克服协同的惰性，激发协同的动力。在生产过程中，需要实现各个支持主体之间的微观元素协调、中观关系协调和宏观总体协调，以形成一种螺旋上升、共生共长的运作机制。这种机制能够促进协同的持续发展和良性循环。

（二）制度保障

在构建乡村校长社会支持体系的过程中，我们需广泛动员政府机构、管理部门、社会组织以及企业等多元主体的力量。为了确保该体系高效有序地运行，必须明确各参与主体的职责分工，界定其服务范围，并建立健全的协调机制。此外，完善的制度体系是不可或缺的，它如同无形的纽带，既规范着各类支持主体的行为，又激发着它们的积极性和创造力，从而有效整合各方资源，降低协作过程中的摩擦与冲突。值得注意的是，不同制度之间并非孤立存在，而是相互依存、相互促进，共同构成一个有机统一的整体。只有通过制度的内在联动与有机融合，才能确保整个社会支持体系发挥出应有的效能，为乡村教育事业的蓬勃发展提供坚实保障。

1.构建多方联动机制，优化现行政策体系

针对当前政策体系中所显现的多头管理、职能交错以及效率不高等问题，我们应从以下两个关键方面着手进行优化与改进。：

首先，在政策设计阶段，应建立跨部门联动机制，以教育、财政、人事等部门为主导，其他部门协同，汇聚集体智慧，制定共同策略。这有助于从部门分割管理转变为全面统筹的教育治理模式。针对乡村中小学控退保学问题，需政府、教育、公安三方面合作，建立多部门联席工作机制，制度化工作模式，整合各方力量，解决农村学生辍学问题。

其次，需要建立一套资源协调机制。要估算实施过程中所需的资金，并在此基础上对政策实施进行调整和完善，赋予各职能部门更大的自主权和决策权。这样能够有效运用和安排资金、人员以及其他必要的资源来实现公司的方针。关键是建立一个面向各部门和各地区的信息共享平台，用于信息交流和人员调配；并对资金进行有效运用，提高资源利用效率，确保农村教育支持政策得到切实实施。

2.加强教育治理整合，推进行政简政放权

第一，确保教育管理部门全面负责教师职称晋升、招聘及专业发展等人事权力。人力资源部门只需审核相关流程即可。

第二，学校领导干部的选拔任用及管理工作，必须严格控制在校园内部，确保其免受外部组织机构的不当干扰。

第三，需要保障教育机构的财政独立性。财政部门的职权范围应明确，仅限于资金使用效率的监督、预算审核和资金分配。特别是在实行以县为主的体制下，许多资金是通过专项拨款的方式分配。然而，由于缺乏客观、科学的评审准则，学校是否能获得特殊资助往往取决于其自身的协商和沟通能力。此外，由于财政权力的上移，学校的办学自主性受到一定程度的制约。例如，大部分校长反映，尽管学校已经有绩效工资的名义，但实际管理权仍在上级领导手中，学校用于激励教师的资金很少。这种情况导致学校对政府依赖较强，难以实现真正的自主性。

教育管理部门常因机构庞大、职能重叠而效率低下。为提升效率，需精简部门和行政职位。同时，国家应明确其在教育发展中的角色，包括制定教育计划、资源分配、审批行政事项及监督政策执行。

3.建立现代学校制度，推进学校专业自主

努力构建一个包含教师、家长和学生的共同治理结构，以实现教育目标并避免风险。社区和教育专家的合作对于学校发展至关重要，家庭和社区的参与是我们的共同责任。面对乡村学校的挑战，家庭和社区需积极维护教育权益。尽管乡村学校与社会的联系有待加强，但我们必须重建这种联系，确保教育的公平和质量。

教育管理实践篇

# 乡村教育教学管理规范化相关概念的界定及国内外研究动态

## 一、相关概念的界定

（一）规范化

规范化指的是在管理实践中，通过制定和实施标准（如规章、流程和制度）来实现统一，进而获得最佳的秩序和社会效益。其核心在于标准，因此在探讨规范化时，应以标准作为参照，这样在进行规范化测试时才能有一个可比较的基准。

（二）管理与管理规范化

管理乃是在特定环境与条件下，对组织、群体或个人所掌握的资源进行有效与高效的规划与组织，旨在实现既定组织目标的指导与管理过程。

管理规范化，也可解释为制度化管理或标准化管理，其核心在于管理过程中明确设定目标，采用科学有效的工作方法，并借助具体的标准对管理目标的达成情况进行检验。管理规范化的显著特征包括管理系统的统一性、管理主体与客体的积极参与，以及制度规章的完备性。因此，管理规范化始终关注效率与效益，致力于通过高效的管理手段对目标实现过程进行严密监控，并确保目标质量的达成。

（三）教学管理与教学管理规范化

教学管理，顾名思义，是对"教"和"学"进行管理的过程。它可以分为两类：一类是从宏观到微观的管理，即由市级、省级、国家级等各级教育机构对培养出优秀人才的地方进行全面引导和管理。另一类是在狭义范围内，指各种学校的行政管理机关根据学校的发展情况、教学特点和规律，通过计划、组织、指挥、协调和控制等方式，实现预定的教学目标。

教学管理是一种旨在制定教学计划、规范教学活动、实现教学目标的教育管理活动。它涉及行政管理工作，旨在保障教学质量、推动教学改革与发展，并以"教学运行过程"（学生的培养过程）和"保障教学质量"为核心。教学管理人员是教学管理的主体，而学生和任课教师则是教学管理的客体。在这个客体中，主体之间的相互作用产生教学活动。因此，教学管理不仅仅是为了提供管理服务，支持教学活动的有序进行，更重要的是通过管理来确保人才培养的质量，实现教学活动的最终目标。

教学管理的规范化，是确保教育事业健康发展的必然要求。它体现了教育和教学的基本规律，以及对人才培养规格与质量标准的严格规定。通过制定一系列规章制度和行为规范，对教育工作进行科学引导和有效管理。学校的教学宗旨在于培养德才兼备的优秀人才，人才培养质量的检验标准，大致可划分为校内和校外两大类别。校内的检验标准，主要体现在高校接受上级教育行政部门对办学定位和培养目标等教学相关内容的各类评估；而校外的检验标准，则涵盖经济发展建设所需的人才需求，以及行业企业对具备专业背景人才的期待和要求。

## 二、国内外研究动态

### （一）国外教学管理规范化的研究

在经济全球化与教育国际化的宏观背景下，学校的教学管理应当展现出以下特点：民主参与、专业化团队建设、高效执行以及以服务为核心。在美国、英国、德国等国家，教育水平相对较高，而像新加坡等国家的教育行政人员则展现出高度规范化、高度专业化和职业化的特点。这主要表现在以下方面：首先，行政人员的结构专业化，经理层中有相当一部分人具备一定的管理或教育背景。其次，提高管理者的工作效率，学校为经理们提供商业训练，以增强个人能力和工作能力。此外，在国际领域，信息化技术已取得较为早期的发展，故而将信息化融入教学管理之中，并逐步走向完善。基于信息化手段的教学管理系统显著提高了教学管理工作的效能。最终，管理者秉持着高度的服务意识，学校为管理人员在薪酬、福利、职称评定等方面提供了坚实的保障，从而确保他们能够全心全意地投身于工作之中，并对自身职责充满热爱。

（二）国内教学管理规范化的研究

在我国各级各类学校中，教学管理工作既遵循一般管理的普遍规律和独特属性，又凸显出对学生和教师服务的核心宗旨。在组织架构上，教学管理工作的主体由分管教学的副校长全面负责，他们对全校教学工作进行宏观统筹和细致指导，同时，学校教务处作为重要支撑力量，承担着具体安排和严格监督教学管理各项工作的重任。

针对教学管理的规范化，不同学者从各自的研究视角提出了相应的对策建议。部分学者认为，教学计划和管理是教学管理的关键，对保障教育质量和秩序极为重要。他们建议加强教学管理人员的专业培训，提高其业务和管理水平，以建立科学、规范的工作流程，使教学管理更加系统和标准化。

另有学者指出，规范的教学管理流程是教学工作高效运行的基础保障，对于推动教学与管理工作的科学化、规范化具有深远的意义。他们强调，教学管理规范化意味着教学管理主体需要调动各方面资源，制定出切实可行的规章制度及管理办法，并严格遵循执行，以法律为准绳，实现依法治教、依法治学的目标。

# 乡村教育教学管理规范化的理论依据

## 一、新公共管理理论

新公共管理理论起源于 20 世纪 70 年代，其理论基础有别于传统公共理论，主要是公共选择理论、新制度经济学理论和私营企业的管理理论与方法。

英国知名学者胡德提出了"专业化管理""明确评价标准与度量方法""注重结果"等概念，并提出了"新公共管理"的概念。这些概念包括集中变分散、引进竞争、借鉴私营企业的管理方法以及节制与节俭。美国学者奥斯本则提出了"政府应该'驾船而不驾桨'"，强调"放权而不是服务"，倡导"市场化"理念，强调"效益"和"以客户为中心"，并主张权力下放。OECD（Organization for Economic Co-operation and Development）强调权力转移，注重业绩与控制，推崇竞争，并提倡优化信息技术，强化中央指导作用。因此，在欧美各国，对这些问题进行了深入探讨，并提出了相应的解决方案。西方各国的研究发展趋势和侧重点主要集中在政策决策而非执行方面。进一步提升自主管理程度和服务能力，运用现代管理思想提高管理效率，并采取竞争的方式确保服务质量。其中最主要的是评估服务效率、管理质量和效果，同时需要注意个人和组织目标之间的相互配合，建立完整高效的考核机制。

当前，国内许多学者正在探讨新公共行政的基本原理，并在此基础上对其进行具体的论证和分析。新的公共行政理念强调市场化和随着时代发展而变化的科学治理。相比传统的公共行政理念，新的治理模式不仅能够确保取得更好的治理效果和成果，而且还能提升治理效能。

## 二、泰勒科学管理理论

美国古典主义管理学家弗雷德里克·温斯洛·泰勒（Frederick Winslow Taylor）在他的著作《科学管理原理》中提出，管理是一种基于条条框框、科学化的方法。泰勒对科学管理的贡献主要体现在两个方面：第一，推动管理朝着科学化的方向发展；第二，改变了工人和资方的思维方式。泰勒认为，科学管理的基本目标是追求最大的劳动生产率，而实现最大工作效率的关键在于采用科学化和标准化的管理方法来取代凭经验进行管理。

# 乡村教育教学管理规范化的实施路径

## 一、正负激励相结合，落实规范标准的执行

在学校的教学管理工作中，实行规范化既要对学校的教育工作提出更高要求，又要给予足够关注。教学管理的对象和管理人员都应自觉遵循规范标准，将其视为开展工作的基础，然后将其转化为具体行动，在管理中加以实施。首先，需要明确每个参与方的职责。当发生不规范情况时，要明确各自的职责，并追究每个人的责任。同时，采取鼓励的方式来规范每个参与方的行为，并采取措施来鼓励、引导、保持和规范参与方的行为，以实现规范的教学管理目标。在教学管理工作中，要明确和落实自身的职责，并根据成绩采取适当的激励措施，以激发工作人员对规范标准的关注。

## 二、注重管理效率和质量，加强教学管理队伍建设

泰勒的科学化管理理论，以"科学化"为核心要义。在贯彻执行科学管理的进程中，各级管理人员必须锻造出精湛的业务技能、深厚的业务知识和严谨的业务规范。为了强化教学管理团队建设，我们必须着力提升管理效率，确保教育教学质量的稳步提升。这要求教学管理人员更加重视管理工作的规范化，不断提升业务素养、业务能力和业务技能，以便更好地履行管理职责，为推动教学管理团队的发展贡献力量。

教学管理的核心在于管理人员，因此必须强化他们对职责的认识。，这样才能更好地调动他们的主观能动性，提高他们的工作品质。

### 三、坚持目标导向原则，完善教学管理制度建设

构建教学管理制度的根本目的在于规范教学活动流程，保障人才培养质量，促进教学发展与建设，为实现教学管理制度的标准化奠定坚实基础。在制定教学管理制度过程中，必须遵循可行性、合理性与促进性原则。一旦教学管理体系得以确立，就必须严格执行，确保其有效性与客观性。在将目标管理与任课教师的职业发展有机地结合起来时，不仅需要规定的规范，还要具备一定的灵活性，同时尊重教师的个体化工作方法。

课程教学质量评估的目的是提升学校整体的教学质量，并促进教师的专业发展。为改进这一体系，可以从促进教师的教学成长入手。在评估过程中，个人评估应成为最终结果，采用教师自我评估结果作为参考，并进行横向对比，以准确反映教师的成长与发展。同时，应取消"复评"，而让经验丰富的老师指导和帮助成绩不理想、发展速度较慢的老师，这既能激励教师们不断突破自我，也促进教师之间的相互交流。同时，还需提供人文关怀和技术支持，以促进教学的发展。

### 四、明确责权统一的匹配，加强管理成员的参与

对于教学督导工作的实施力度不够强，学校应当突出教学督导的重要性，并明确教学督导人员在教学管理中的关键地位，加强督导队伍的建设。首先，校级管理层应制定完善的督学工作规则，明确督学工作的责任和权力，并建立相应的督学工作评价体系，以确保督导人员不仅有明确的工作任务，还要对工作效果和质量进行评估，从而提升督导人员的执行能力。其次，要注重督导人员在工作中既要"督"又要"导"。通过"督"的角度，发现教育发展中的问题，了解教师面临的挑战，解决教师所遇到的困难；而通过"导"的角度，加强对教师的实际指导，提升督导人员的工作水平和能力。

与此同时，在选择教学督导队伍成员时，可以将具有丰富教学经验、责

任心强、资历较高的教师作为督导组的固定成员，并鼓励那些在教学中表现突出或进步快速的年轻教师成为督导组的流动成员。这样一方面可以优化督导队伍的人员结构，另一方面也能充分发挥督导在教学中的指导和改进作用。

# 乡村学校教育管理规范化的实践
## ——以阳信县翟王镇中学为例

初级中学教学管理规范化的实践包括课程管理、教学管理、教学实施、课外指导、教学评价、教学研究等方面。在这里，我们以阳信县翟王镇教育学区的翟王镇中学为例，探讨新时代乡村学校教育管理的规范化。

## 一、课程管理

（一）完善课程方案

根据办学理念、培养目标和特色，结合学校的具体情况，对教学内容进行了合理的设计，并进行了系统的建设。课程计划应包括课程目标、课程内容和结构、课程实施、课程评价和课程管理等内容。近年来，翟王镇中学以"双减"为指导，开发了"立体化体验式"教育课程，横向切面分为品德与修养、人文与社会、数学与科技、体育与健康、艺术与审美、劳动与实践六项课程；纵向切面分为基础型课程、拓展型课程、VIP课程三个层次。科学的课程整合，给学生带来全新的学习体验，学生学习力显著提升，近年来中考上线人数稳定在全县乡镇前两名，学校连续三年被评为"阳信县教学工作先进单位"。学校先后荣获"滨州市教学示范学校""滨州市初中教学工作先进单位""滨州市教科研工作先进单位"等荣誉称号。

（二）规范课程开设

根据国家课程计划和标准，提供充足和丰富的课程资源。课程设置需要符合全国课程计划中规定的课程和课时，不能随意增减，确保体育、艺术类课程、综合实践活动以及传统文化和环境教育等全国性课程的顺利进行。同时，提高本地安全教育和生活规划等课程的质量。要确保学生每天进行一小时的体育锻炼，每周参与两次课外文艺活动，并学习两种健身体育技能和一种艺术技能。

翟王镇学区篮球大课间

手球运动是翟王镇中学的特色课程，学校编辑了《雏鹰手球教学纲要》，面向全体学生普及的同时，培养选拔高素质运动员。自 2013 年至今，中学手球代表队共 16 次获得市级赛事第二名，14 次获得市级赛事第一名。在 2022 年山东省第二十五届全运会上，由翟王镇中学输送 18 名手球队员代表滨州市参赛，取得 9 枚金牌。学校荣获"全国青少年手球运动推广校""全国青少年手球传统学校""山东省传统项目学校（手球）"等重量级荣誉。科技教育居全市领先地位，成立了"青少年科学工作室"，创建了科技体验馆。还积极带领学生深入工厂车间、菜地工棚和科技场馆，现场学习与实践，感受科技改变生活的震撼，学生的综合科学素质显著提升。学校获得"全国科学调查体验推广示范校""全国调查体验优秀活动示范校"等 10 余项国家级荣誉称号，工作经验多次在市级会议上被宣传推广，2020 年作为全市唯一单位入选仅有 10 席的"山东省科普示范学校"（获资助 15 万元），为学校科技教育发展带来强大动力。

2019年5月，翟王镇中学被中国手球协会评为全国青少年手球传统学校

翟王镇中学被中国手球协会评为全国青少年手球传统学校

（三）开发校本课程

制定学校课程开发计划，以支持教师开展全国课程和地方课程的校本化建设、整合与实施。同时，促进教师科学运用信息化手段，实施全国课程的师本化和生本化。为满足学生差异化发展的需求，重视书法教育、职业规划、心理健康教育等领域的教学，支持教师开发具有特色的校本课程，如艺术类、实践类和素养类课程，并鼓励教师参与特色课程的教授和学生社团的辅导工

作。就翟王镇中学来说，重点突出教学管理创新、教师素养提升、课程体系重构、高效课堂探索、开展作业改革、教研创新赋能等"六大"教学改革行动，开展"说课标、说教材、说教法"等主题式教研活动，为教师专业成长搭建了探讨与交流的平台，引导教师深耕课堂。同时，立足乡土，借助丰富的本地资源，探索跨学科主题式游走乡村文化综合实践课程。雹泉庙村史馆、花卉基地、蔬菜大棚、电商产业园、大大小小的超市等，都成了学生社区实践活动基地。学生搜集资料、整理信息、做讲解员、感悟英雄精神；尝试为各个基地营销出点子，做策划案。学生成了乡镇发展的一员，成了乡村发展的代言人，既培育了学生的核心素养，又厚植了学生的家国情怀。

## 二、教学管理

### （一）完善学校教学管理机构

突破原有的管理机构模式，注重管理的改革，构建符合现代学校发展的管理机构，并积极探讨扁平化管理机构的构建方式。建立以课程服务、学生成长和教师成长为中心、以信息化和教学科研为支持的教学行政机构，发挥年级组和教研组的优势，切实提升新课程改革的质量，确保师生的健康发展。

### （二）规范教材和教辅资料管理

要严格遵守国家和省级中小学教科书及教辅资料的出版使用管理规定，不得向学生推荐或选择国家和省级目录以外的教科书和教辅资料，并确保教科书与教辅资料一同出版。学校和教师不能以任何理由强迫或暗示学生购买辅导资料。

禁止以学生会、班委、家委会等名义统一订购教辅资料，禁止教师在课堂上讲解超出允许范围的教辅资料，更不能要求学生使用省定教辅资料以外的任何教辅资料完成作业，也不能将这些教辅资料作为作业进行批改。

要实行公开制度，即在新学期开始之前，必须清楚列出所推荐和选择的教辅材料的种类、版本和数量。通过学校网站、宣传板等形式，向家长和社会公开展示，并主动接受社会的监督。

（三）用好家长委员会，建立家校社共同体

制定家长委员会章程，以支持和鼓励家长积极参与学校的民主管理和课程设置。家长委员会应负责教学工作的开展，并对学校的教学工作进行监督。此外，家长委员会还应充分发挥父母的社会资源，积极开展社会实践活动，以弥补学校教育中的不足之处。每个学期，至少给家长提供 8 个课时的家教服务。同时，支持家长委员会组织家长对学校及教师的满意度评估，并协助家长委员会监督学校和教师的行为。

除了建立家长委员会，翟王镇中学还积极倡导建立家校社共同体，每学期开展 2 次家校社共育研讨会、政策听证会等，确保家长正常参与学校管理。同时通过满意度测评、家长开放日、家访、座谈会等形式向家长征集意见和问题，听取家长、社会各界对学校的意见和建议，指导学校及时整改问题，促进提升。以《家庭教育促进法》为抓手，家长学校定期开放，提高家庭教育水平，为学生成长营造和谐、上进的氛围。

（四）建立完善教育教学公开制度

充分利用学校的网站、公告牌和大众信息平台等渠道，通过各种方式（如"家长来信"、校讯通、地方教育网站等），落实每学期的教学工作中的"十项公开"要求。这包括公开《教学管理制度》《学校课程计划》《学科教学计划》等文件；公开专业评估计划、课后活动计划、教师的教学科研进展及专业研究成果；公开教师的教学评价方案、学校的考试安排和学生的节假日安排；同时，还要公开学生的作业数量等信息。

## 三、教学实施

（一）科学制订教学计划

按照国家课程标准的要求，对学校的教学方案进行分类制定，包括学校层面、教研组（备课组）层面和教师个人层面的三个层次的教学方案。

学校的教学计划主要分为学年计划和学期计划两部分，旨在统筹安排学校的主要教学安排、教学改革和教研活动。

教研组（备课组）学期教学计划包括：本学科各年级教学安排、教学研究、课题研究、教研活动等具体安排。

教师学期教学计划包括：学科内容体系的构建，基于课程标准的教学目标及教学任务的确立，教学进度安排，教学措施制定及课外实践活动设计。

（二）加强备课管理

1.做好备课工作

做好备课工作是十分重要的。学校应该制定和完善相关的集体备课制度，并建立相应的监督和检查机制，使其成为一项制度化的工作。在教学过程中，应该将标准的教学计划与具有特色的教学计划、个人和集体的教学计划结合起来。在备课过程中，需要研究课程标准、教材以及其他资源，分析学生的认知基础和情感基础，准确把握教学的重点难点，并预测学生可能遇到的认知障碍。教学目标的设计应以知识与技能、过程与方法、情感态度与价值观三个维度为核心，确保目标明确、具体，并具备可操作、可测评、可达成的特点。课内训练、课内测试和课外练习的设计应具备针对性。同时，应注意预设问题，选择适当的教学手段、学生学习方式以及教学组织形式，确保"教、学、评"一致。

2.教学计划的编写需要符合标准化要求

教学计划应包含选题分析、教材分析、学情分析等内容；课程标准分析、课程目标、重点和难点；教学内容与时间安排、教学准备、教学程序；板书设计、作业设计、教学反思等内容。在编写教学计划时，需要将教学活动设计作为重点，充分体现学生在学习过程中的自主性和合作精神，并确保与课堂教学的一致性。

3.全面运用信息技术

鼓励教师充分利用地区或学校的网络平台，进行在线备课。通过利用网络平台，教师不仅可以提升自己的技术素养，还可以进行在线资源共享，并展开备课研讨。

（三）建设现代高效课堂

第一，建设现代高效课堂，需要突破传统的束缚，重新构建课堂教学过程。强调学生的主体作用，提升他们的自主学习能力，致力于建立一个注重学生自主、合作和探究的课堂。积极探讨实现"轻负担、高质量"教育方式，努力打造既符合学校特点又符合教师个人特点的个性化教育方式。

第二，积极探讨学科德育，并将其与学科教学相结合。挖掘人文学科中的人文要素，注重培养自然科学学科中的科学精神和思辨能力，以及培养学生在教学中的合作精神。通过这些措施，引导学生树立正确的人生观、价值观和世界观。

第三，尊重学生主体。以学生为中心，提倡学生自主学习、合作学习和探究学习，并注重学生的实践操作、制作和示范。要确保学生的学习经验与课程内容有着紧密联系，创意地设计课程，全面实施差异化教学，以满足不同学生的个性化需求。在教学中，要注意预设和引导学生产生新知识的关系，善于捕捉和利用产生式教学的资源，以深化和拓展学生的学习目标。此外，还要注重主题性教学，使学生在主题中进行全面学习和思考。在教学评估中，将学生的学习目标达成情况和表现变化作为重要的评估依据。

第四，始终将培养学生独立思考的品质放在课堂教学的首位，营造积极互动、平等对话的教室氛围。以学生的个体特点为基础，创新教育方法，逐步塑造平等、关爱和互动的课堂文化。

第五，探索课堂新形态。在信息技术的支持下，积极探索一种新的课堂教学形式，并鼓励教师运用技术手段实施个性化教学，甚至实行一人一案的教学模式，以满足学生个体学习需求。我们以技术应用为基础，培养学生的自主学习能力，同时提升教师的技术素养，以适应未来教育改革的需求。

（四）恰当运用教学辅助手段

充分利用挂图、标本、录音资料以及投影、视频等教学工具和媒介，注重实践教学。通过物理、化学、生物等课程的示范和小组合作等方式进行教学，严禁"以讲代做"的教学方式。

要持续更新和改进现代化教育技术设备，并进行经常性的信息化训练。教师应将现代教育技术的知识和技能应用于教学中，深入研究现代教育技术和课堂教学，以实现整个教学过程的信息化目标。

在信息技术的支持下，积极探索出了一种个性化学习方法，利用信息技术为学生推荐适合他们的学习资源，并提供一对一的师生交流平台，从而实现真正的个性化学习。

## 四、课外指导

（一）制订课外指导计划

根据校本课程的发展和执行情况，制定每学年（或学期）的课余活动计划。教师们以学校规划为基础，结合学科特点，明确了学生在一个学年（或学期）的课外辅导内容，并将其纳入到学生一个学期的教学计划中。

（二）加强学生课外指导

在教学过程中，要引导学生正确对待课外研究与实践之间的联系，并鼓励他们在课余时间进行自主研究。根据课程安排，引导学生参与安全、健康、有秩序的课外活动。学校应采取具体措施，加强对学生在假期和双休日的学习、生活、阅读和实践活动的引导和调节，以促使这些活动与日常教育工作更好地融合在一起。

（三）学生课外活动经常化、制度化

与学校学生节等活动相联系，积极开展艺术、体育、科技等方面的组织形式；同时，还要鼓励兴趣组织、社团等开展文学、社会等领域开展活动。为学生提供了展现自我的舞台，并对其进行有效评估，从而促进学生个人品格的发展，指导学生充分利用各类课外活动，如读书交流、自然观察和社会调查等，以及自主学习与实习，如科学探究和参观游学等。

## 五、教学评价

（一）制订学业质量评价方案

根据学校的教学计划，制订一套学业质量评价方案，明确评价的目标、内容、方式和时间，以确保对课程的有效执行。

（二）采用科学测量方法

依据评估目标，采用多种评估手段，包括开卷考试、实验操作、听力测试、辩论、情景测试和结果展示等。同时，还采用了其他测试方法，如小论文、面试和答辩等，以充分发挥评价的诊断、矫正和激励功能。

（三）提高教师命题能力

学校应建立一套命题和审题体系，并在此基础上深入探讨教师的命题，以更好地运用各种测试方法在教学中发挥作用。命题应以新课程为基础，注重与现实生活和学生的生活体验相结合。除了考查学生的基础知识和基本技能外，还应注重考查学生分析问题、解决问题以及实验操作等方面的能力，以正确评价学生的学习水平。地区教育科研机构应定期举办考题命题的质量评估和讨论活动。

（四）严格规范日常考试

各科考试的题目由各科老师或教研组负责安排，也可以是学生自己的题目，并且每一科、每一单元只能进行一次考试。本学期的期中和期末测验是学校的一项阶段性测验。期中测验通常安排在一个学期的中途，而期末测验通常安排在一个学期的最后一个星期。

（五）采取多元评价方式

提倡将质量和数量的评估与质量评估相结合，将过程评估与最终评估相融合，将要求评估与选择评估有机地融合在一起，同时将写作和口头测试、动手测试和专业测试有机地融合起来。

需要使用测试来衡量学习成果的科目，可以采取不计分的方式，以评分的方式来体现学生在这门科目中的学习成果。对于考试科目、自选内容、专长测试等，可以将其作为优异成绩的依据。成绩可以以及格、不及格或学分制为标准，各校可以根据考试目标采取适当的评价方法。同时，倡导学校建立一种行之有效的学分评价机制，将过程性评价和终结性评价、考试科目和考查科目的测试成绩纳入统一的评价体系中。

（六）做好阅卷诊断讲评

通过对试卷的批改和统计，可以对教和学的情况进行综合检查。精心设计和开展测试讲评课，以提高测试讲评的针对性和实效性。同时，要认真进行纠错教学，以巩固和提升学生的学习效果。对于使用网上批卷系统的学校，应建立一个学生账号系统，及时向学生反馈评估结果，并对学生的学习进行准确的纠正。

（七）合理使用考试结果

学校和教师应该仔细研究考试结果，以全面了解学生的知识掌握和能力发展情况，并反思和纠正日常教育教学中的得失。这样可以持续改进教育教学方式，提升教育质量。考试结果不应以任何方式公布，而应与考生进行个别反馈，并将结果真实记录在考生个人发展（综合素质评价）的档案。不能根据学生的考试成绩对教师和学生进行排名，也不应将排名作为评价和奖惩教师和学生的主要依据。

（八）建立学生学习档案

搜集学生的课堂表现、实践活动记录、阶段评测成绩以及标志性成果等数据可以全面反映学生的学习过程，并持续记录学生的成长。这些数据也是对学生综合素质评估的重要内容之一。

## 六、教学研究

（一）开展基于听评课的教研活动

学校应建立并完善听评课制度。在教学过程中，要定期组织跨学科、跨年级的听评课活动。同时，在教研组或备课组中，也要组织学科听评课活动。推崇同校和校际之间进行同课异构的听评课活动。根据不同年龄和角色，选择不同老师的课程参与，注重课程数量和质量，做好课堂笔记并进行点评。加强与教师的沟通和讨论，认真倾听教师的意见，并及时纠正错误。积极利用班级观察等先进手段，提高听评课的有效性。

（二）开展基于信息技术应用的课堂研讨活动

开展"一师一优课""一课一名师"等系列活动，推"技术优化教学"专题研讨课的开展，组织晒课、看课、评课等专题研讨活动。每位教师每学期都要开设一门科研课程。对年龄不超过 35 周岁的年轻教师，每学期安排一次专题讲座；对优秀教师、教学能手、学科带头人和骨干教师，每学期安排一次专题讲座或旁听讲座。地方教育科研机构要加强考核引导工作。

（三）开展基于教学实际的课题研究活动

学校应该指导教师熟悉课题研究方法与流程，并鼓励教师将其与实际教学相结合，主动展开一些小课题研究，以解决存在的问题并关注重点、难点和热点问题。同时，鼓励学生进行协作学习，并积极记录教学笔记、个案、论文等。地方教育科研机构应及时进行评估和推荐工作。

# 基于多样化人才培养的乡村教育教学管理模式

## 一、乡村学校人才培养指导思想

教育的核心在于推动人的全面发展,实现个体从自然人向社会人的转变。教育不仅仅是教学,更涵盖了学生的培养。在新时代,学校应将教学重点从单纯的"知识传授"转变为以"培育人文素养"为核心的工作推进战略。学校应通过塑造有特色的精神文化、建立健康的班级文化、打造丰富多彩的校园环境等方式,为学生的成长增添力量,激发潜力,实现个体的成功。学校应秉持"尊重个性、发掘潜能、让每个学生都能获得成功"的办学理念,加速教育现代化进程,使之成为一所传承传统文化、紧跟时代发展的现代学校。

翟王镇学区以"清源守正立德树人,赋能乡村教育振兴"为基调,凝练为具有乡土味、烟火味的乡村教育特色文化"清源文化",即尊重生命个体,宽诚和善,正己立人,明"立德树人"国策;顺天启智,因势利导,自主发展,有乐于担当的兼济情怀;立志卓远,奋发图强,造福百姓,润泽四方。先贤的智慧和新时代的文明成为翟王镇教育的文化力量,优美的校园环境和和谐文化氛围使老师们安居乐业、潜心从教,学生们在遵守既定规则的基础上,最大限度地释放个性,发展自我,成长为德智体美劳全面发展的"清源少年"。

## 二、翟王镇学区教学管理实施路径

### (一)积极提升办学条件

积极争取上级部门支持,对照省定办学(办园)条件标准,查找各学校不足，建立工作台账，明确资金来源、工作时限、责任措施，补足办学条件短板。强化现有的中小学、幼儿园午餐、公寓、校车管理水平，确保服务到位。与县校车公司协调，中心幼儿园配备专用校车 6 辆，不断扩大招生辐射范围，实现教育强镇筑基计划与目标。

（二）常规坚守，加强教学过程规范化管理，深化课程教学改革

推行"研、备、查、听、评"五环节工作机制，严格落实"五化"，即集体备课定期化、个人备课个性化、课堂教学艺术化、课外作业多元化、质量分析制度化。

强化教研指导帮扶，一是建立积极与县教科研中心包乡镇教研员、学区、学校三级教研组织体系，开展常规化教研，提高日常教育教学水平，促进教学教研改革，提升教育教学质量，激发学生学习兴趣和提升自学、自组织的能力。二是落实"双减"，赋能"双新"，高度重视艺体、劳动教育，积极进行校本特色课程研发，特色项目、特色学校创建，学科育人、学程育人、全环境育人，培养德智体美劳全面发展的社会主义接班人。三是引进先进地区改革项目，带动我镇课程教学改革，比如上海市闵行区的智能作业项目研究，与我镇作业改革相融合，实现高质量办学目标。

（三）加强校（园）长和教师队伍建设

一是借力县交流轮岗政策，吸引优秀校长、园长来镇任职。二是两年之内乡镇驻地学校所有学科教师按要求补充到位，且学历、年龄、专业结构合理，目前缺口最大的是幼儿园专任教师，努力落实控制总量与事业编制人员同工同酬待遇。三是积极督导本科学历提升人员的学习过程，争取三年后本科率达 100%。四是引进高端培训、交流挂职、名师（名校长、名班主任）工作室等方式加强镇驻地校（园）长、优秀教师培养、培育、培训工作。五是设置校（园）特级岗位，落实相关待遇，吸引城区市县名师到我镇学区挂职任教。六是建立快乐教师俱乐部，丰富教师的工作和生活。七是健全完善

教师关爱制度，积极帮助困难教师解决问题，增强教师的归属感、幸福感。八是加大教师荣誉表彰力度，增强教师获得感、荣誉感。

（四）提高信息化建设应用水平

一是按照省定要求补足配齐信息化设备；二是充分利用国家中小学智慧平台资源，丰富备课内容；三是以同步课堂应用模式为基础，融合三个课堂，即名师、名校网络、专递课堂等模式应用；三是每学期、寒暑假均进行教师信息化应用能力培训，并进行等级考试等多种促进手段，提升教师信息化技术应用水平和信息化素养。

（五）深化办学体制改革

一是继续落实以第一实验学校为龙头单位的集团化办学模式，通过联合教研、经验共享、文化引领等措施，实质性参与、推进乡镇学校教学研究、课程建设、管理改革、文化建设、质量评价等工作。二是深入探索镇域一体化的学区制改革和管理体制改革，继续推进实施"园区带村小"工程，实现优质资源镇域内无障碍交流共享，共同建设乡村美丽学校、温馨学校，为乡村振兴助力。

（六）激发乡村学校办学活力

一是带领校（园）长到全国农村典型改革学校考察学习，鼓励支持学校自主开展课程改革和教育评价改革，勇于突破发展瓶颈；二是落实校长自主选聘副校长等行政干部和教师聘任权；三是完善学校公用经费使用管理办法，加大学校经费使用自主权；四是构建完善的教师考评和激励体系，制定科学合理、德才兼顾的教师考评办法，充分激发广大教师的教育情怀和工作热情。五是建立家校社共育共同体，通过第三方参与、督导、评价等方式促进发展。

（七）加强质量评价指导

以中共中央、国务院印发的《深化新时代教育评价改革总体方案》以及教育部、中央组织部等六部门出台的《义务教育质量评价指南》为总体指导，研制符合乡镇学校实际的评价指标，引进先进的评价机构、团队，开展教学、教研和管理评估诊断以及监管指导。

# 乡村教育教学管理与学生管理相结合的教学管理模式

## 一、培养目标

初中是一个人一生中最关键的时期之一，对于培养学生的世界观、人生观和价值观具有十分重要的意义。在适应新时代的需要下，应全方位地培养学生"勇于创新、敢于担当、热爱家国"的品质，让他们成为中国特色社会主义的建设者和接班人。同时，也要致力于构建一个开放、包容、安全、优雅的教育环境，促进学生核心素质的全面发展，为他们美好的未来奠定坚实的基础。

## 二、实施途径

（一）注重习惯养成，夯实成功基础

培养学生的良好行为习惯既可以形成优秀的学风、班风和校风，又可以增强教师和学生的凝聚力，进而促进学校的和谐发展。为了实现这一目标，学校应将培养学生的人格特质作为管理工作的切入点。每年新生入学后，一年级学生要进行为期一周的军训，并学习学校制定的"一日行为规范"。军训结束后，学校应邀请初一学生家长观看军训比赛，并召开家长会，重点强调家长帮助孩子养成良好习惯；同时，也应关心和帮助初一学生适应中学生活。从教育的角度出发，坚持以人为本，以德育人，把思品课堂打造成激发学生生命活力的重要场所。在语文教育中，体现人文内涵，运用科学知识进行创造性思维的训练，同时，培养学生健康的心理素质，以美育为途径，提升学生的审美素养，使学生在课堂中既能汲取知识的甘泉，又能得到德育的滋养。

（二）抓好环境育人、课程育人、活动育人、实践育人、主旋律育人

1.环境育人

坚持环境启育和文化浸润，丰富校园文化的人文内涵。精选主题，对校园文化长廊等教育基地进行规划，使其成为激励学生挑战困难、健康成长的动力加油站。翟王镇教育园区校园文化建设以"绿色"为基调，在中学主路的两旁，种植 6000 平方米草坪，以铸牢中华民族共同体意识为主要内容的文化长廊260 米，约需资金 30 万元；小学部分打造培根课程中心 1 处，即社会主义核心价值观宣传体验基地，厚植家国情怀，约需资金 10 万元；幼儿园打造户外自主游戏文化园，约需资金 10 万元；进一步丰富"清源文化"内涵，让高质量、高品位、高素养在师生身上刻下深刻的烙印，成为一种自觉、内在的力量，成为翟王镇教育独特的精神文化。要在现有的市级文明校园基础上，创建省级文明校园、乡村温馨校园。

2.课程育人

通过德育课程一体化提升工程，把全面加强和改善思品教育作为一个切入点，深度挖掘学校中的德育因素，并将德育融入到学科教学的整个过程中。采用课堂授课、主题班会、小组会议等形式，还可以通过主题报告会等活动持续地引导广大学生，让他们更加坚定自己的理想信念，传承弘扬传统美德。

3.活动育人

通过发展动态的校本课程资源，开展开学与毕业典礼序列化和常态化的教学活动，例如新生的校园文化之旅、校内才艺展示、大型团体操、经典朗诵等活动。还可以组织文艺汇演、主题演讲比赛、校园读书活动等，让校园生活变得更加丰富多彩。这些活动不知不觉地培养学生崇高的品德和健康的个性，为他们的发展提供一片蔚蓝的天空。

4.实践育人

针对不同的发展需求，以"第二课堂"为重点，开展有针对性的学校教育活动。以学生个性和多样化发展为培养目标，在深入发掘国家级课程资源的基础上，结合自身的专业知识，构建了"菜单式""立体化"的校本课程体系。通过品德课程、学科德育和校本课程，将学校的精神观念以专题的方式呈现出来。实施综合实习等多种德育方式，构筑了德育的基础架构，并开展了德育的校本课程。同时，从学校内部挖掘潜力，聘请教师，吸引社会赞助等方面着手，开设了书法、象棋、剪纸等课程，以及足球、摄影和陶艺等多项活动。这些丰富多彩的课程不仅让同学们享受到中国传统文化的盛宴，还能够拓展兴趣、开阔眼界，展示个性。我们致力于培养特色，满足不同同学的兴趣和个人发展需求，在第二课堂中实现多样化的发展。

目前，翟王镇中学的"手球运动"和"科技创新"活动，多次获国家、省级奖励，已凝练为助力学生自主、自信、自强发展的精神力量；中心小学建成了全省面积最大的融合教育实践基地，残疾儿童进入普通学校并有机融合，为每位学生搭配"课程套餐"，为学生个性化学习和特需发展提供了充足的支持；中心幼儿园开发了幼儿自主游戏课程，被评为"滨州市游戏活动实验区"；穆家小学、李桥小学、韩打箔小学分别以"花样篮球操""民间游戏""轮胎多玩"为特色，创建了独具特色的活动品牌，打造了低龄段儿童强身健体、启智赋能的活力平台；明德园"小幼衔接"课程，助力幼儿在学前与小学生活无痕过渡。各种以实践为基础的特色教育品牌，助推了孩子德智体美劳全面发展和个性和谐成长。

5.主旋律育人

（1）校园广播电视站紧扣学校工作的重点和亮点，每日播出，唱响主旋律，使之成为同学们展示才华的重要平台。

（2）加强学生的自学和自我管理工作。以主题班会为基础，结合学生会和家长委员会的支持，通过举办报告会、评选文明标兵等活动，让每个同学从自身做起，从身边的小事开始，逐步实现自我管理的目标。

（3）为了共同促进学生成长，必须加强学校与家长之间的沟通。建立德育合力，完善学校、家庭和社区之间的"三结合"德育工作网络，定期召开家长会和家长委员会，全面推进育人工作。鼓励家校互动，学校应该通过班级微信群等方式与学生家长保持及时沟通，并定期召开家长会、家长委员会，进行面对面交流，密切关注学校教育教学工作的进展并不断改进。此外，还可以编写《家教指南》、举办家庭教育指导沙龙、邀请专家进行专题讲座等活动，帮助家长更新教育理念，优化学生成长环境。

# 面向新时代的乡村学生综合素质评价模式

## 一、相关概念的界定

（一）综合素质

从生理学和心理学的角度来看，"素质"概括地说，是一个人天生具备的特点和才能，它是个体精神活动的先决条件。如果缺乏生理和心理等方面的基础，就不可能谈论"素质"。"素质"一词在《辞海》中的解释是：人本来就具有的某种心理基础和个性特点。然而，一个人的素质并非固定不变，而是可以通过知识的学习和提升来不断提高。

总的来说，素质是一个人在进入社会之前就已经具备的相对稳定、内在和基本的特质。而"人的全面素质"是一个广泛的概念，包括一个人的知识水平、道德品质、思维品质和审美品质，构成了一个多层面、有机整体的结构。综合素质是无法通过纸笔考试来反映和测试的，但它却是学生全面发展的核心素养。在课程标准中，对这些素养已经有了明确的要求，教育教学中需要培养学生的这些素质，虽然这些素质不能通过考试来测试，但它们对学生的整体协调发展产生了重要影响。

（二）教育评价

《辞海》对"评价"的解释是：泛指判定人物或事物的价值。我国著名教育学家陈玉琨认为：汉语中"评价"是对评定标准的简化。从本质上来说，评价是一种价值判断行为，是对客体是否满足主体需要的一种判断。

在当前的中国，教育评价被普遍视为一种科学、全面和系统的过程，它涉及对教育信息的收集、整理、处理和分析，以便对教育的价值进行评判。

其最终目的是推动教育改革，提高教育质量。

（三）综合素质评价

综合素质评价，作为全面深化教育评价改革的重要组成部分，从分类维度来看，其核心在于全面评价学生在道德、智力、身体、审美和劳动等各方面的发展状况。该评价体系必须紧密契合国家教育方针政策，运用科学合理、公正无私、且符合素质教育目标的量化指标体系，对学生德智体美劳等各方面素质进行全面深入的评价，进而全面审视学生在校学习、生活和实践活动的各个方面，以期促进学生全面而均衡的成长。综合素质评价的目标是识别、开发和激发学生的多种潜能，注重提升和优化学生的核心素养。

## 二、初中生综合素质评价的意义

在学校的教学改革中，进行综合素质测评是一项十分必要的工作。初中阶段的学生正处在青春期，充满着青春的个性，性格变幻莫测。因此，采用一成不变、规范化的评估方式对他们的发展效果有限。考虑到初中生身心发展的特点，实施全面的人格发展评估是必要的。在我国基础教育课程改革的探索进程中，初中阶段实施综合素质评价，具有里程碑式的意义。此举不仅是教育评价体系与时俱进的体现，更是顺应时代发展潮流的必然选择。此项改革对于促进教育的全面发展，提升教育质量，培养德智体美劳全面发展的社会主义建设者和接班人，具有深远的影响和积极的推动作用。

（一）推进素质教育进程，促进学生全面发展

对学生的发展状况进行全面评估，深入了解并掌握其成长进度，高度重视学生综合素质的全面提升，同时详细记录其优秀表现。此外，积极激发学生自我认知能力，使其明确自身优势与不足，从而引导学生正确认识自我，准确把握自身实际状况，并制定针对性的应对策略。其根本目的在于推动学

生全面成长，助力初中素质教育深入实施。

（二）提高教师教学质量，促进教师专业发展

综合素质评价工作的深入推进，为中学教师队伍注入了新的活力，提供了转型发展的崭新机遇。在新时代背景下，教师们积极响应号召，对自身的教育理念、育人观念、教学质量观等进行了深刻的反思与提升，实现了教育观念的革新，从而有力地推动了教学实践的优化与进步。在日常教学活动中，教师们将评价理念、评价流程及评价要求等深度融入到自己的教育观念中，这对于促进教学成效的持续提升具有不可估量的作用。同时，教师们在日常课堂上对学生进行精准评估，并及时给予反馈，进而有针对性地调整教学策略，这一举措不仅有助于教师更深入地了解学生，也为教育教学的精准化奠定了坚实基础。

（三）加强中学人才选拔，提高升学制度公平性

综合素质评价显示学生发展情况，是高中招生的重要参考。评价结果可用于录取条件或补充材料，有助于实现录取公平。将此评价纳入中考录取，能促进学生全面发展，培养社会所需人才。

## 三、初中学生综合素质评价模式

初级中学要以学校的育人理念为基础，将学生综合素质评价工作放在第一位，将培养学生核心素养作为教育教学的核心，使综合素质评价成为与新时代要求相适应的育人新模式。

（一）指导思想

以"两册、三级"为基本模式，开展初中学生综合素质评价。在此过程中，遵循教育规律和人的成长规律，充分发挥综合素质评价的导向作用，进

行整体设计，突出重点，分步推进。同时，积极探索建立有利于推进核心素养培育的综合素质评价机制，以促进学生全面而有个性的成长。

（二）综合素质评价的具体内容

围绕学生核心素养的六个维度展开评价：①道德品质；②公民素养；③学习能力；④交流与合作；⑤运动与健康；⑥审美与表现。

将道德品质、公民素养和学习能力作为核心要素，并将交流与合作、运动与健康、审美与表现等能够反映学生整体素养的因素纳入考核范围。在评估过程中，需要引入课程教学，确保老师重视学生认知领域和非认知领域内的评估。此外，通过对学生日常行为进行评估，包括心理品质、道德品质和综合实践能力等方面的表现。以翟王镇教育学区为例，该学区以本校教师曹文清自主研发的学生行为量化评价系统为标准，小学深化"好习惯银行"评价作用，幼儿园进行幼儿成长监测，中学使用综评系统，积极研制评价工具，将诊断性、形成性和终结性评价相结合，贯穿于日常和教学活动的每个环节，通过评价促进建设与改进，激励学生在持续的评价中得到发展。

（三）综合素质评价的原则与手段

1.遵循正面鼓励的基本原则，注意发掘和确认学生的学习成果。

2.坚持分级、分层、分类、个性化的评估原则，注重学生的异质性，以发展的观点看待进步。

3.采取数量和质量并重的方式，将容易量化的学科知识（如认知领域、运动技能领域等）由学科老师进行量化，而对于情感领域、心理品质、德育素质和综合实践能力等难以进行定量评估的内容，改变教师凭借主观判断在学生评价中"一言堂"的状况，赋予学生更多的自我展示、自我评价和互相评价的权利与机会，提高学生的自我评价能力。根据学生的优异表现，通过多渠道上送举荐信、各级评委综合评审的方式，对其展开质的评价。同时，让所有的老师和家长都参与到评估中，建立起一个全面的、互动的评价机制。

## 四、初中生综合素质评价的完善路径

目前，在我国的基础教育中，学生的综合素养在不断提高和发展中已经有了长足的进步，但是，学生的整体素质测评制度还存在着一些亟待解决的问题。面对实施中存在的各种难题，这并不意味着要否定对综合素质评价的推广，相反，它恰好为探讨评估的长效机制提出了一些思考。

（一）关爱生命：重建育人的综合素质评价价值取向

理念是行为的先导，初中学生综合素质评估的核心是理念，而技术与方法只是实现理念的保障。唯有全面保障了教育观念的培养，才能确保学生全面素质教育的导向。

在传统的考试评价方式中，通常采用的做法是：先将评价范围划分为语、数、外、政、史、地、理、化、生等多门学科，再用纸笔测试来计算各个学科的分数，然后再进行简单的叠加，最终以总分来对选择的学生进行评估。为了进行比较，其思路同样是将评估的内容分解，划分出各个层面，再对各个层面下的各项指标进行细化；每一项指标都会被打上一个分数，然后将各个方面的分数叠加在一起，形成一个人的"总分"，也就是综合素质。很显然，这种全面的考核只不过是对传统考核方法的一个"变体"而已，在本质上并没有什么突破。

综合素质评价的基本目标是通过评价帮助学生对自己的当前状况以及今后的发展趋势进行分析，让每一个人都知道自己的性格与潜力，提升他们在成长过程中加强自我认识和自我教育的能力，从而实现全面、健康发展的目的。然而，在当前的初中阶段，在对学生进行综合素质评价的实践中，几乎都采用了等级或打分式的评价方式，这种方式实际上是一种趋同性的价值导向，不利于学生个性的发展，还会增加学生的负担。

现在初中的课程仍然多以中考为核心，学校利用老师和同学来提高自己的声望，父母利用自己的孩子来完成自己的理想，学生利用所学的知识来提高自己。所以，与其说是"为己之学"，不如说是"为人之学"。受到这种观念的影响，全面质量考核将丧失其应有的价值。

为了改变这种状况，转变这种错误的观念，就要坚持以人为本的原则，让每一个孩子在各种不同的教育模式中进行自由和理性的选择，让他们享受到最大程度的个人发展。以育人为本的评价理念，就是要回归到对教育的根本问题，即"培养什么样的人，怎样培养人，以及为谁培养人"的研究。综合素质评价不应限制人的自由发展，而应该为人的多样化发展提供服务。

（二）全程激励：建立科学的综合素质评价基本原则

综合素质评价是一个非常繁复的系统工程，它的具体操作要按照科学化的基本原理，采取终结性评价和注重过程与发展的形成性评价两种方法进行，避免出现形式化、机械化的倾向，从而使其更好地发挥作用。具体地说，就是要坚持正义性、人本性、时代性和可测性原则。

1.正义性原则

正义性原则的前提是，在进行综合素质评价时，它的内容必须是对每一位学生一视同仁地进行的。同时，还要注意到城乡学生、名校与一般学校的学生存在着一定的不同，因此还需要利用创新体制模式，将各种非正常因素的干扰剔除出去。其次，在实施时要注意程序公正，要根据规定，对学生进行综合素质评价，要公开透明。最终要保证结果，才能让素质教育成为现实。

2.人本性原则

综合素质评价是一种以学生人格发展、素质提升为核心，以个体的发展和未来为导向的评价方式，而不是一种追求功利性的工具。从多元智力的角度出发，分析学生在学习过程中所表现出的差异，并指出学生的优势和擅长领域。学生的综合素质评价要尊重他们的差异，在现实情境下进行个性化的评价。因此，在进行综合素质评估时，既要将学生的长期发展纳入考量，也要充分考虑学生的特长和个性差异。

3.时代性原则

随着经济全球化的深入和社会的飞速发展，对不同类型的专业人员提出了不同的要求。在信息时代，网络等对学生的思想、学习和交往方式产生了潜在的影响。这就需要对综合素质的评价不能仅仅停留在传统的指标和方法上，避免让其变得死板，而应该主动地尝试，以当前的情况为依据，参考当前的发展趋势、国家教育发展规划以及对人才的需求，对综合素质评价进行校正和丰富其内容，以持续地提高评价机制的针对性，使其能够跟上时代发展的步伐。伴随着大数据时代的到来，可以使用管理云平台对有效的数据和资料进行整合，从而构建出每个孩子的"电子档案袋"。

4.可测性原则

在设定考核指标时，必须同时考虑指标的量化和可操作性。否则，一个完整的考核制度就会变成一座"空中楼阁"。然而，目前的评价指标中，存在许多难以测量、无法实际推行的概念性词语，比如"有较强的社会交际能力""具有审美眼光""有好奇心和求知欲"等。

为了确保指标的可操作性，必须确保可以通过直观的实地观察等方法直接进行度量。在教育教学中，可以引入次数、单次奖励等措施，同时提高学生在相关教材中表现出的毅力与实力。这样一来，每一段实证材料都能够充满"温度"，蕴含着学生的努力与成长。

（三）稳步推进：完善立体的综合素质评价指标体系

指标体系主要是针对"评什么"这一问题进行的。综合素质评价并不是在进行一场全方位的角逐，而是由此来衡量和判定一个学生的品质发展方向。

在对各个省份和城市进行综合素质评价时，基本都会涉及道德品质、学习能力、运动与健康、审美与表现、交流与合作能力等方面，这个综合的指标体系显示出了教学内容的多样性，也为学生的全方位发展提供了一个明确的方向。然而，这无疑给学生们带来了更沉重的负担。目前，大班教学仍然是实施教学活动的最重要的组织方式。在对学生进行综合素质的评估时，教师不仅要在平时对学生的动态进行关注，在学期结束时还要对学生进行评估，对他们进行同伴评价和自我评价，同时还要对他们提交的综合素质评价资料进行引导和监督。这样庞大的工作量让老师们难以承受。因此，应根据对学生"全面素质"内涵的认识，对其进行简化，并对其进行有差异化、多层次的评估。唯有将一个多维度、多层次的评价系统构建起来，才可以让学生们的多样化需要得到充分的体现，发掘出每个人的优点和特长，从而让每个人都得到了充分的发展。

（四）保障实施：创设公平诚信的综合素质评价环境

综合素质评价的结果既可以为学校的选拔人才提供一个依据，也可以为学校的深入素质教育改革以及为学生的发展提供有用的信息。

为了确保教育的公正，在综合素质评价方面，要采取多种措施。首先，对学生进行宣传和培训，加强对学生评价主体的客观公正，建立相同的规则、标准和参照系，尽量减少系统误差。其次，引入公示、审核、责任追究、权力下放等制度，确保学生的综合素质评价工作能在阳光下高效进行。在保护学生的个人隐私的前提下，有关人员应及时公布学生综合素质评价的标准、过程和结果，并接受其他师生、家长和社会的监督。同时，对考核中存在的不诚信现象进行追究，最大程度保证考核结果的真实性。此外，适当引入第三方评价参与，让专业人士甄别学生提交的评估材料的真实性和准确性，进一步完善评估的审核过程。在进行评估时，无论是老师还是学生，都应遵守"多写实、少评判"的原则，即更多地记载客观事实，较少地进行主观价值判断。

目前，人们对教育的最迫切要求是提高教育质量。要提高教育质量，就必须建立适当而有效的综合素质评价体系。特别是对于初中学生的综合素质测评，这不仅涉及学生的整体素质，还关系到新课程改革的实施以及学生的可持续发展。要从现实出发，勇于尝试，将提高学生综合素质和促进全方位发展作为工作的重点，让学生去书写自己的光辉未来。

# 构建乡村"情感+制度"的人本化、扁平式、现代学校教学管理体系

管理之道，不仅在于"管"，更在于"理"。其中，"管"只是实现目标的方法，而"理"是我们追求的终极目标。所谓"理"，就是在工作中处理各种关系，包括同事之间的关系，清除一切阻碍工作的不良因素。因此，学校应努力建立一套以情感为主要内容，并辅以制度的人本化、扁平式、现代化的学校教学管理体系。

## 一、全方位构建人本化现代学校管理体制

一位优秀的校长就是一所优秀的学校。要充分发挥乡村校长在责任意识、决策、执行上的作用。必须坚持以德治校、以法治校，建立科学合理的现代学校管理制度。坚持学校领导班子周例会和级部月例会制度，提高教职工代表和家长委员会召开的频率，增强彼此间的信任，提高决策的民主和科学。与此同时，引导教师和学生们把校园文化融入到自己的内心，并把它表现在行为上，从而营造出一种"崇德尚美，包容进取"的良好气氛。

## 二、实施扁平化管理模式，提高教学管理效率

以现代化的校园管理制度为依托，对"政教、级部、班级、学科"等方面进行改进，将多维、立体、扁平和团队自主、个人和自我管理有机地融合在一起，强调"感情+制度"的管理文化。

随着学校的快速发展，办学规模也越来越大，同时，学校的人数也在与日俱增，这给学校的管理工作造成了很大的负担。为了应对这一挑战，各个

级部推行了"一个级部总负责人，加上两个级部主任，一名负责教育，一名负责日常"的扁平化管理模式，从而达到对学校管理模式的整体提升。在新的管理模式下，级部负责人每个星期都要定期出席一次学校的行政班子周例会，对这一周的工作总结、存在的问题、整改方向以及下一周的工作计划进行详细的了解。会议结束后，级部负责人立即将工作内容传递到整个级部的每一名老师，让老师们可以在最短的时间内对学校的工作部署有所了解，从而更好地进行工作。

## 三、定期召开碰头会议，统一工作思想

各级部应该定期召开每月一次的例会。首先，例会的目的在于对以前的工作进行总结，其次是加强沟通，增加互信。通过例会，每个人都能清楚了解工作中的问题和下阶段的工作目标，提高了级部工作的公开性、透明性和一致性，确保每个成员都不会滞后。同时，例会还有助于督促级部和个人工作进行及时的改进，让整个学校的工作水平得到提升。另外，为了强化工作联络，可以采取其他方式。例如，在每日导护学生午餐的过程中，校领导们及各级部主任可以随时随地召开一个会议。这样一来，在指导同学们吃午饭的同时，能够及时了解各年级遇到的紧急情况，并快速提出相应的解决办法。这种灵活的方式不仅可以迅速解决现实问题，还能节约时间。

## 四、规划引领，搭建平台，锻造"厚德奉献、博采创新"的教师队伍

学校并不奢望每一位老师都能取得巨大的成就，而是希望每一位老师都能持续"成长"。为了实现这一目标，需要以不同的发展目标为核心，包括知识技能型、实践展示型、发展研究型等，采用双向选择的方式，为老师们制定个性化的职业发展计划，并构建一个职业发展的平台。在实现老带新、

以榜样引领的过程中，围绕"阳光师德"和"名师培养"这两大项目，定期开展线上和线下相结合的业务培训以及校内外相结合的读书沙龙活动。通过这些交流、研讨等活动，不断提升教师的整体素质，使他们在具有创造性的工作实践中，能够激发出自己的生命活力、教育情怀和职业幸福。

# "跨学段有效衔接"教研模式探索与成效

## 一、什么是跨学段教研

跨学段教研是指中小学及幼儿园的专任教师，在不区分学段、班级，甚至是不区分学科的情况下，将不同的群体整合在一起进行的一种教育教学研究活动（以《关于大力推进幼儿园与小学科学衔接的指导意见》《义务教育课程方案（2022年版）》和《幼儿园保育教育质量评估指南》为依据）。

学生的身心发展过程都是由量变到质变，由低到高的。学前教育与中小学各阶段的教学内容具有一定的关联性，且具有一定的特殊性，因此，在制定小幼初衔接的教学内容时，应充分认识到这一点。义务教育学段和幼儿园学段的特征为"跨学段教研"的展开创造了最有利的环境。以此为基础，可以对各个学段的老师进行高效的提升，从而推动学校的课程文化建设，为学段之间的衔接教学提供了一个强有力的保证，推动学生的学科核心素养得到充分的提升，从而推动实施全人教育。翟王镇学区现已建成了集学前、小学、中学于一体的"三段一体化"综合教育园区，园区内教师235人，在校中小学生2516人，幼儿704人。园区因应"清源文化"的设想，构建了十二年一贯制的育人场域。

## 二、为什么要实施跨学段教研

长期以来，存在着幼儿园和中小学教育分离、衔接意识薄弱、过度重视知识准备、衔接机制不健全等问题。《关于大力推进幼儿园与小学科学衔接的指导意见》明确指出：针对幼儿园，要求帮助幼儿做好生活、社会和学习等多方面的准备；针对小学，要求将一年级上学期设置为入学适应期，改革一年级教育教学方式，强化与幼儿园教育相衔接。《幼儿园教育指导纲要》中提出，幼儿园的教育应该是启蒙性的、全面的。在幼儿课程教育的方方面面，重视多领域内容的渗透，从多个角度促进幼儿技能、知识、态度、情感的发展。比如：在幼儿园实施的阅读衔接课程设置方面，转变知识传授的倾向，重点培养幼儿的积极态度，根据幼儿的身心发展规律和幼儿教育规律设置阅读课程内容，启发和保护幼儿的求知欲和好奇心，培养他们的良好行为习惯，实现幼儿的和谐、全面发展。《义务教育语文课程标准（2022年版）》指出：鼓励自主阅读、自由表达；倡导少做题、多读书、好读书、读好书、读整本书，注重阅读引导，培养读书兴趣，提高读书品味。针对中小学生，其读书活动旨在落实立德树人根本任务，让孩子们在参与阅读实践、畅游文学经典、对话古今名人的过程中，培养阅读兴趣，提高阅读水平，提升阅读品质，丰盈精神世界，丰厚文化底蕴，激发爱国热情，培植家国情怀。

张海珍校长带领学生一起阅读经典、感悟成长

## 三、幼小初教育中跨学段教研的实施方法

近年来，幼儿园与小学与初中之间的教育教学衔接问题越来越引起人们的重视。目前，国内外学者已经从不同的视角对其进行了探索。由于量化研究存在着一定的限制，国内外的学者已经将注意力转移到了质性研究上，并将重点放在了对幼小初课程衔接的人文关怀和科学性上。

在进行跨学段的教研时，要以培养学生的核心素质为中心，对义务教育阶段的课程与幼小衔接进行探讨，并尽可能地充实与完善有关的幼小衔接课程教学的理论；从教学理念、课程实施、资源、内容等方面进行探讨。在类型目标等方面展开一系列的探索工作，从而指导老师们改变自己的教育理念，并对幼儿园的教育进行主动探索，从而打破过去只将注意力集中在思潮和政策理论上的限制。跨学段的教学研究，目的是要建立一种新型的体验、实践和参与的学习交流模式，指导老师们改变自己的教学理念。

跨学段教研的方式，提倡对学前教育的发展状况进行调研与研究，从而对学前教育的发展有一个较为全面的了解，并为学前教育的发展找出存在的问题并提出相应的解决方案；丰富了关于基础教育、初等教育和幼儿教学的相关理论，为实现我国幼小初课程衔接的高效实施，提供了可资借鉴的内容，为幼小初衔接课程的理论发展锦上添花。

翟王镇学区目前正在幼儿园学段和小学低年级段大力推进"绘本阅读"教学，但在实施幼儿园阅读教育中，存在知识点过多、阅读素材过难、教学方式单一、缺乏自主阅读、幼儿对阅读不感兴趣、阅读效率低等问题，部分教师认为做好幼小衔接工作就是提前在阅读活动中加入小学内容，甚至有些班级使用了小学的阅读教材，这些教材内容并不符合幼儿的学习特点。此外，教师还加入了汉字书写和拼音字母的课程教学内容，幼儿在不理解的情况下只能机械记忆。因此，镇中心学校领导申报立项了一项县级课题《基于发展核心素养小幼衔接阅读教学有效性研究》，课题组从阅读的角度出发，加强学前与小学绘本阅读教学衔接的研究。该项课题研究具备实践价值，立足于

本地人力物力资源和地理环境，选取幼儿园教师和幼儿为研究对象，研究成果可以为本地幼儿教育中的幼小衔接阅读课程提供参考。

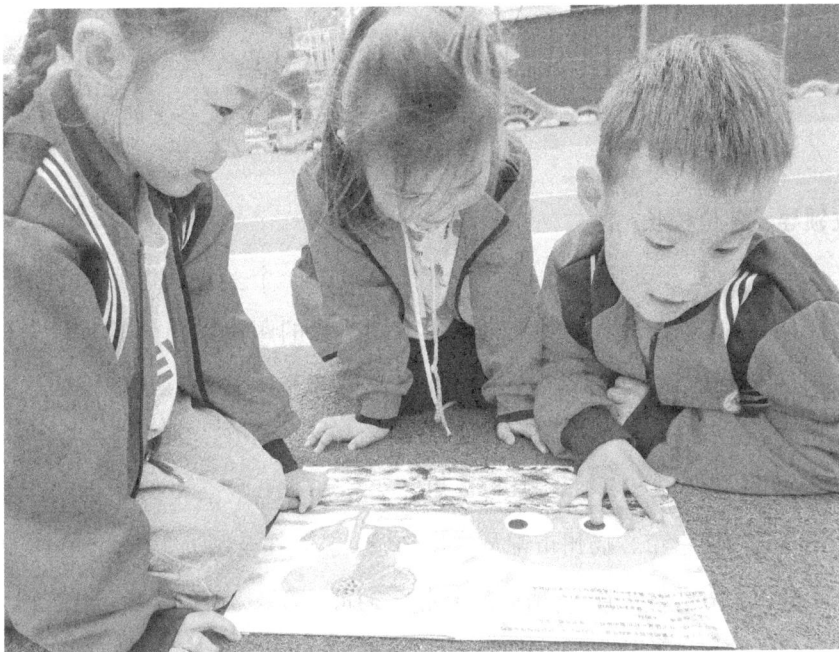

打开绘本看世界

幼儿阶段是幼儿习惯、态度形成的关键时期，做好这个阶段的阅读课程衔接工作，能缩短幼儿进入小学之后的不适应期，为幼儿的未来美好生活和终身学习奠定基础。

"跨学段衔接教研模式"能够有效推进各学段教师的专业化发展，进而带动学校课程文化建设：为学段衔接教学提供有力的保障，促进学生学科核心素养的全面达成，进而引导推行全人教育。

# 思与行

——2023 年 5 月阳信县教体局组织赴江苏学习交流会上的发言

**各位领导、各位校长：**

上午好！赴江苏学习之行，至今虽然过去一个多月，但回想起来，整个团队在刘德强主任等领导的带领下，丰富的跟岗学习体验，优秀伙伴之间的交流，让我受益匪浅，而且至今仍然充满感动。我汇报的题目是《思与行》。

## 思

江苏省的南京市、扬州市都是文化名城，教育在全国处于领先地位。就拿大学来说，南京市就有 51 所高校，本科 34 所，双一流有 13 所，到这种大学林立、大师遍地的地方学习，看到了先进的文化、陶行知等教育前辈的伟大事迹、多元化课程实施成果展示，等等，大量信息溢满脑海，甚至都有一种心灵撞击的感觉。

从基础教育的角度，我一直在思考当前咱们所处的教育阶段，其现状与跟岗学校相对照，差在哪里？

跟岗学校整体上来说都是质量一流、品质卓越、人才济济，这样的学校是怎样来的？同样是办学校，咱们如何去追求质量一流、品质卓越、人才济济的学校样态？

我通过观察各个学校的正校长、业务副校长，以及从他们的介绍中发现，他们拥有的办学成就并不是简简单单、一蹴而就的，而是经过一个较为漫长的研究与实践过程。也就是说，是研究或者说科研意识、科研思维、科研过程、科研评价，推动学校教学改革、教育创新，从而得以整体质量提升，成为优质学校、名牌学校，跟岗学校的校长也与学校同步发展，大多数都是省特级教师、市名校长。

咱们平时也安排集体备课、教研活动，这些大多数都是走形式，应付上级检查，很少有学校真正去深层次想想为什么安排教研活动，怎样有效，怎样让老师们都觉得教研重要，自发自觉地去参与并积极分享，生成团队智慧，然后用于实践，自己和学生都受益？再就是做课题，为了拿证书，很少有学校去真正梳理自身存在的问题、困惑以及困难，成立课题组开展针对性的研究，慢慢地，大家就都不去动脑子了，时间长了，习惯成自然。一些有思想的干部和教师受环境影响，也会退化为方仲永式的人物，更谈不上成果的积累，从量变到质变了。

3月8日，我有幸走访了南京市行知学校的杨瑞清校长，5月份，他获得了国家基础教育教学成果奖的特等奖《大情怀育人：扎根乡村40年的行知教育实验》（网络：特等100万元，一等50万元，二等30万元），6月份他就满60岁，正式退休。他这个奖就是自己任教40年的工作经历、经验累积起来的一个结果，目前来看，现在不能叫结果，而是成果。他就是晓庄师范毕业，一辈子在行知小学任教师、校长，他一辈子都在研究孩子、研究教师、研究管理、研究资源、研究课程、研究校园文化。他学历不比咱们高，收入也没比咱们多多少，就是遵循科学规律，让大脑不停下思索，成就了自己丰盈的教育人生！

有的同志可能说，咱这里穷，不可能办成这样的学校，说得很对，是很难，但是不能不发展。其实，咱们与城市学校的目标是一致的，只不过起点不同，发展的程度不一样，但都必须改变自我设限思维，否则，咱们去南京、扬州，只是空有羡慕，而改变最好的法子、最近的路子，就是从改变自己开始！

## 行

就当前农村学校来讲，一谈到发展出路，大家是一肚子苦水，估计三天三夜也倒不完。其实，哪里的学校没有困难？昨天，我跟一位从西安到广东任职的名校长交流，她说，她刚到这个城乡接合部学校，不知道从哪里下手。我心里想，她是全国的名校长，她不知道怎么干，谁还会干校长呢！同时从另一个角度来说，不管干到何时何地，到了什么高度，都需要不断地思考、实践、再思考，周而复始，始而复终。

结合翟王镇的需要来看，有三点需要立即行动：

1.树立乡村自信

近几年，城市化进程加快，优质生源快速流失，形成了农村学校发展瓶颈，造成一些老师特别是中老年教师对农村学校发展失去信心和希望，产生倦怠情绪。面对现状，咱们做校长的也不能强求怎样，可以从过去的五年乃至更长时间里，梳理亮点、彩点、感动点，通过总结，让结果变成成果，比如，我们精选了老师们近五年的教育叙事文章 100 篇，形成了一部编著《让乡村孩子享受优质教育的实践与探索》，今年正式出版。从这些可以保存、流传的教育实事中，让大家对乡镇发展、农村学校质量提升，树立信心，让生活充满希望，让工作更有价值。

2.合理规划单位发展

从三个角度来做：一是根据现在乡镇各个学校发展格局、人事物系统进行合理安排和系统筹划发展进程；二是做好三年的教育强镇筑基发展规划，以及落实好学区制定的 2020—2030 年十年规划发展纲要；三是扎实做好"清源文化"引领下的课程实施规划，朝着新中考、新高考的目标，落实学生发展核心素养的大单元教学改革，向着教育现代化的发展朝向迈进。

3.下大气力培养好干部

一是干部有见识，才能有格局，所以要多学习；二是压担子才能有能力，所以要多锻炼；三是登高处才能看风景，所以要多提携。

总之，学无止境，且思且行，再次感谢各位领导、各位校长，不当之处敬请批评指正！

# "一心五举"工作法的探索者和践行者——张海珍

## 一、农村教育之缘起

如何转变乡村薄弱学校，让老百姓的孩子在家门口享有优质教育，一直是张海珍校长孜孜追寻、不断探索的问题。

张海珍校长生于经济薄弱县的乡村，在乡村薄弱学校上学，毕业后回乡村薄弱学校任教。20 多年的乡村教育经历，让她深知乡村薄弱学校的发展困境和人民群众的热切期盼。20 年中，她不断探索和实践，总结出了"一心五举"工作法。工作法涵盖了以爱为源的文化、课程、教师、学生、校家社一体化等内涵发展的关键要素。实践证明，她任校长的几所学校均实现了转弱成优的跨越，为系统解决乡村薄弱学校转化提供了创新性思路和可行性方案。

## 二、上下求索，笃行致远

任何方法想要经得起实践检验都不是一朝一夕，"一心五举"工作法历经五个阶段，不断探索、发展、完善、创新、验证，最终成型。

2003 年 8 月，张海珍到阳信县程坞小学任校长。在这所仅有 280 名小学生、11 位老师的乡村小规模学校，教师学历低、专业性差。学校地处偏僻乡村，管理松散，教育教学质量较差，是一所名副其实的薄弱学校。

针对学校实际情况，张海珍校长围绕文化、课程、教学、教研四个要素展开探索。聚焦精神唤醒，打造学校文化。确立"以爱为源、和谐发展"办学理念，加强班主任管理、教师提升、学生培优辅差等工作，激发教师工作热情，不让一个孩子掉队。聚焦课程创新，开发特色课程。开发保龄球、武术等体育活动类，丝网花制作、主题手抄报等动手实践类校本课程，师生共同创作了《程坞小学校本课程实施纲要（手写本）》。聚焦教学转变，抓实校本教研。以三维目标"仿写—理解—落地"为重点扎实开展校本教研，逐步使老师理解基础教育课程改革精神；开展"大小教研模式的探索"，分学段进行开展校本教研。"文化、课程、教学、教研"四要素统筹协调，扎实推进，学校面貌发生根本性变化，教育教学质量大幅提升，综合考核成绩进入全县优秀行列。2006年被评为滨州市教学示范化学校。2008年成为滨州市教学开放日现场观摩学校，荣获山东省加强未成年人思想道德建设先进单位。

历时五年，整个学校焕发了活力，释放了创造力。张海珍校长的"爱"乡村教育观和"文化+课程+教学+教研"乡村学校质量提升法初步成型。

2008年，张海珍调任河流镇中心小学校长。学校变大，人员变多，教师学历提高，但教师的专业素养跟进不力，农村留守儿童教育问题亟待解决。为此，张海珍校长邀请市教研室刘红星科长等专家来校诊断、指导，召开教育干部、教师、家长代表、企业负责人参与的教育问计大会，决定在原有"文化、课程、教学、教研"四要素基础上，加强"服务、实践"两个要素。服务，即针对留守学生，开设小饭桌，老师轮流值班照顾，和谐校、家、社区关系。实践，即开辟学生实践课程基地，带领学生深入乡村、企业、家庭等，形成系列乡村学校特色实践课程。2010年5月，河流镇中心小学作为滨州市课程实施典型学校确定为全市观摩现场，成为全县乡村校长挂职研修基地。转变乡村薄弱学校工作方法进一步丰富，操作机制和规范进一步固化。

2010年，张海珍调原阳信镇中心小学任校长。作为县城驻地学校，家长要求高，与县直学校攀比，面临崭新挑战。2011年课程标准修订，结合学校实际，张校长通过深化"文化、课程、教学、教研、服务、实践"的实施，让"六要素"成为一个新课标理念下的有机体，实现学校转型升级。引进济南市纬二路小学烟文英校长"LDC教师学习发展共同体研究项目"，创新性开展活动化的教学研究活动。辐射劳店镇、洋湖乡乡村学校共同参与，抱团发展，进步显著。

以陶行知"乐育英才，爱满天下"为支撑，"创造教育理论"为指导，建立"爱·德慧·幸福"文化体系,打造幸福教育;依据学生兴趣爱好和个性特长,构建系统化、个性化的幸福课程体系,该课程体系并于 2012 年加入全国幸福教育联盟,得到了时任山东省教科院课程中心主任张斌博士的赞同和指导。

以上策略、方法,学习为前提,文化为引领、课程为载体、实践为主线,通过三级课程整合实施,把文化等"六要素"有机融合,学生真正成为学校的主人、学习的主人,成为学校联结社区、为社区服务的文化使者。学校实现质量提升大跨越,成为全县龙头学校,成为全市教学开放日观摩学校,2013年被评为省教学示范化学校。期间张校长主持开展了多项省级课题研究,应邀在市第二届校长论坛做题为《探究幸福教育》的专题报告。这一时期,转变乡村薄弱学校的工作方法不断扩大外延,体系更加系统和完善。

2013 年,张海珍到阳信镇中学(现信城街道中学)任校长。该学校由四所乡村中学合并而成,人员、环境等十分复杂,学业水平成绩全县最差。适逢中共中央十八届三中全会召开,随后出台《关于全面深化改革若干重大问题的决定》,改革成为最强音,其中教育也是深化改革的重要组成部分。结合对这一重要文件的学习,联系陶行知的"真的教育必须造就能思考、能建设的人",张海珍校长认为,党和国家要求教育培养的"人"、陶行知先生认为的"人",都有一个共同的内涵,即为创新的人、发展的人、国家需要的人。于是带领全校教职工厘清问题、摊开问题并解决问题,勇于走一条"创变—创新—创生"之路。

一是基于真实问题建设校本课程。成立基于真实问题发生的课程研发团队,针对初中生叛逆期情绪问题,研发《谁控制了我们的情绪》主题课程(2017年获省一等奖);针对家庭关系、家教方法等研发《让生命因感恩而精彩》系列课程(2016 年获省二等奖)。

二是针对学业水平落后,创新教学方式,实施分层教学。实行走班制,每个学生都在自己最擅长的领域发挥才能,重树自信,主动求知,自主发展,达到最优,整体水平不断提高,2018 年初三学业水平测试成绩在全县名列前茅，形成因材施教分层教学的唤醒教学方式。实践证明，张校长转变乡村薄弱学校工作法操作性强，内涵丰富，务实有效。

2018年，张海珍成为翟王镇中心学校校长，辖1个教育园区、5个教学点。教育园区规模较大，5个教学点则为微型学校，6个办学场域规模、师资、条件、环境等差别很大，实现镇域教育质量整体提升亟待解决。

翟王镇教育园区发展历程

肩负各级领导信任和翟王百姓重托，如何让"硬资源"变成"软实力"，下好乡村教育高质量发展"先手棋"，成为翟王教育人的首要任务。为此，张校长牵头研究制定《翟王镇中长期教育发展规划纲要（2020—2030年）》，进行系统的顶层设计。确立"实现教育科学发展，争创一流教育质量，办好优质乡村教育"的办学愿景和"实施'两年一段五步骤'，推动镇域普通教育和谐发展"的战略。建构了从"五域"到"五育"的幼小初三段一体化全链条式培养格局。

全镇教育质量提升，一个学生也不能少。据统计，现学校幼、小、初三学段随班就读特殊学生13人，占全校学生数的0.39%，但是，对每个家庭来讲，都是 100% 的意义。因此，多方筹措资金建起全省面积最大、设施最全的特殊教育资源教室，集学习、启智、康复一体化的综合学习基地，聘请县特校韩素芹等专业老师执教，成为山东省首批随班就读示范化学校，省评审组孟祥友等专家高度评价"做了一件其他学校还没有想到的事""这是一所具有人间大爱的学校"。

2021年6月23日，翟王镇中心小学代表阳信县迎接省随班就读示范区、示范校评估认定，8月13日，翟王镇中心小学被评为省级随班就读示范校，助力阳信县荣膺省级"随班就读示范区"称号

翟王镇中心小学随班就读示范区、示范校评估认定

也是在这个时期，转变乡村薄弱学校的工作方法经过回顾、梳理和总结，确立了内容和结构都比较清晰的"一心五举法"，并运用于新的工作之中，使翟王的教育软实力大大增强。以中心学校为龙头，全镇义务教育、学前教育一条龙，同频共振，同步腾飞。

经过反复思考、论证、修改和提升，乡村薄弱学校教育高质量发展"一心五举法"逐渐成熟，得到云南、安徽、甘肃、山东等多地乡村学校的认可和推广应用。

20 年的研究与实践，成果有效解决乡村薄弱学校质变转化的困境。学生核心素养显著提升，学业质量监测数据高于全市平均 40 点；学生体质健康不断加强，共获 54 枚市金牌；教师专业发展显著提速，发表核心期刊等论文论著 30 余篇，已培养省特级教师等 37 人次；学校入选山东省第三批教育强镇筑基试点等，获得 150 万元发展资金。承办中国十省区优秀乡村校长现场会，在云南、安徽、广东深圳、珠海和省内 26 个县市区进行宣传推广，成果先后被《央视频》《大众日报》《滨州日报》等媒体报道，产生广泛影响。

2021 年，张海珍获选浙江马云公益基金会乡村校长计划，获得 40 万元学校发展资金，建立了地跨 11 个省区的张海珍名校长工作室，对接无棣县小泊头镇中学、车王镇五营学校等，定期送课助研，志愿服务。今年 10 月，张海珍在全省基础教育乡村学校振兴学术论坛做主旨报告《探索乡村学校优质发展的活水源头》，受到与会专家和兄弟学校好评。在做好乡村学校管理的同时，撰写文章《以多维渠道提振农村教师专业素养》发表于《中国教育学刊》等十几篇学术论文；出版专著《新时代乡村小规模学校高质量发展研究》；主编《新乡村教育——让乡村孩子享受优质教育的实践与探索》等编著 2 部。

张海珍校长把每一名学生当作自己的孩子一样去"爱"，把提升乡村教育质量当作自己的天职去担当。在教育的道路上，她依然在思索如何让自己的工作方法更能适应时代变革、更落地、更具操作性。她怀揣理想，坚守初心，扎根本土，在激活和重建乡村教育生态、实现城乡义务教育优质均衡发展上，踔厉奋发，赓续前行。

# 立足乡土培根聚力，锻造新乡村教育"翟王"品牌

习近平总书记深刻指出，实施乡村振兴战略是关系全面建设社会主义现代化国家的全局性、历史性任务。教育在乡村振兴中发挥着基础性、先导性作用，实现巩固拓展教育脱贫攻坚成果同乡村振兴有效衔接，以振兴乡村教育赋能乡村振兴，是教育的职责和使命。受历史、文化、区位、经济基础等各方面制约，乡村教育振兴还存在诸多困难，特别在经济欠发达地区，振兴乡村教育，实现优质均衡发展，仍然有许多问题需要破冰。

近十年来，山东省滨州市阳信县翟王镇中心学校作为统领全镇教育事业发展的责任单位，直面振兴乡村教育的困难和问题，立足实际，把握规律，因地制宜，以做有根有魂有品的新时代乡村教育为目标，成功摸索出一条转弱为强、优质优品、镇域均衡、群众满意，实现乡村教育高质量发展的新路径，被山东省教育厅确定为"强镇筑基"试点乡镇。

## 一、文化浸润，凝心聚神

文化是民族之魂，也是兴教之魂。在长期观察实践和工作推进中，翟王镇中心学校班子成员发现，虽然乡村教育的办学条件有很大改善，师资队伍日趋年轻化、专业化，但部分老教师思想懈怠、不思进取、工作应付、得过且过，年轻教师思想活跃、价值观多元、工作浮躁、眼高手低等现象比较突出。全镇教育风气平庸，六神无主，工作乏力，严重制约高质量发展。他们尝试了多种办法，效果都不很理想。这引起了他们的深刻反思。抽丝剥茧，寻根探源，思路越来越清晰：乡村教师工作缺乏动力和活力的关键不在物质条件，而在缺乏精神引领和文化感化，导致教师内心世界空乏无趣，意志消沉，认为农村观念落后，文化贫乏，在这里工作没有意思，没有奔头，渐渐

失去了精神支柱和奋斗目标。而文化恰是精神最深沉最持久的动力。因此乡村学校迫切需要构建自己的文化体系，丰富文化内涵，提升文化品质，唤醒乡村教育人的文化自觉和使命担当，激发干事创业的内驱力、主动性。

围绕"如何用文化凝心聚魂，点燃振兴乡村教育激情"，学校展开"大调研、大讨论"，深入分析乡村教育文化建设中的难点痛点。在一次次激烈讨论后，大家一致认为应秉持教育初心使命，坚守立德树人根本任务，在深刻理解习近平总书记"四有好老师"殷切期望的同时，将中华教育家精神、历代教育大师风骨等优秀传统文化精髓与乡村特色文化相结合，探索一条以乡村优秀传统文化为主体的乡村教育文化体系建设路径，使以博爱、崇礼、尚文、重教、尊师、勤劳、本分、守土等为主要内容的乡村优秀传统文化熏陶情操，感染情怀，提升境界，凝聚人心。

学校从朱熹"问渠哪得清如许，为有源头活水来"中提取"清源"二字，作为乡村教育文化体系建设的精神起点，寓意源清流洁，引导翟王全体教职工明晰教育之责，深悟教育本质，叩问自身灵魂，从内心深处悟透作为教师的真正价值所在。

全体教职工群策群力，构建了"爱·德慧·幸福"的文化体系。"爱"即爱党爱国爱乡土爱教育；"德慧"即立德立人，启迪智慧，创新守正；

"幸福"即以教为乐，育人为功，达人利己，逐梦未来。以此为基础，构建"一心五举"双向助力工作模式，从多维度、多层次、多领域将教育文化有形化、行为化、常态化，形成乡村教育新风尚。

目前，翟王教育的"清源文化"已贯穿于学校制度、队伍、课程、课堂、环境之中，成为激活学校高质量发展的持续动力。在翟王镇教育园区建成后，翟王镇中心学校下辖幼儿园、小学、初中三个学段 8 所学校，在"清源文化"引领下，各学校结合自身特点，形成了不同特色的文化体系。学前教育侧重于培育"真之源"，守望童真，呵护童心，培育童趣。小学侧重于培育"善之源"，"日行一善，善行一生"，心地仁爱、善良敦厚、知行合一。初中侧重于培育"美之源"，营造大美之境，培育大美之心，培养大美之人，为美丽乡村建设储备人才。五育融合的"真之源""善之源""美之源"多生态育人场景在 8 个校区开花结果，形成了新时代乡村教育新风尚。"清源守正、文化重塑、贯通一体"成为全体"翟王教育人"的共识，校园精神面貌焕然一新，学校教育教学质量显著提升，得到社会各界的广泛认同与支持。全镇学前教育、义务教育满意度达 98.67% 以上，较之建设学校文化体系之前提高了 15.64 个百分点。先后荣获"全国好习惯学校""2020 年全国青少年校园足球特色学校""山东省随班就读示范学校""山东省传统项目学校（手球）""滨州市文明校园""市小学教学工作先进单位"等荣誉称号。

## 二、赋能教师，引领成长

伴随着城镇化推进速度加快，城市学校大幅扩容，连年招聘教师，造成不少乡村教师特别是教学骨干教师向城市流动。在一段时间"人心思走"形成了一个小气候，影响到乡村教师队伍的稳定。如何把青年教师留在乡村，让他们爱上乡村教育，投身乡村教育？是每一所乡村学校躲不掉、绕不开的难题。

面对这一局面和难题，翟王镇中心学校一班人也承受着很大压力。但他们没有抱怨，没有回避，不等不靠，果断出击。他们用关爱提升教师幸福感，用成长激活教师干事创业内驱力，让乡村教师在实现乡村教育振兴中专业提升、建功立业、成就自我、获得荣耀，从而有信念、有干劲、有能力、有动力扎根乡村教育，坚守三尺讲台，用心点亮乡村孩子美好的未来。

翟王镇中心学校开展教师面对面交流沟通座谈会，全面了解教师外流的主要动因，想教师之所想，急教师之所急，圆教师之所盼，不仅针对性地解决教师普遍关心的评优树先、职称评聘、工资待遇、住房交通等问题，更注重为教师成长发展搭建平台、提供机会，使教师的获得感、幸福感大幅增加，真切感受到在乡村从教更受尊重，更被关爱，更有发展机会。越来越多的优秀骨干老教师选择留下来，给自己一个人生的答案，也给望子成龙的家长憧憬未来的学生一个满意的交代。

着眼打造一支躬耕乡村、本领过硬的教师队伍，翟王镇中心学校积极推动教师培养体系变革，成立了"幼—小—初教师教研共同体"，三学段教师研训一体，课程教学研讨交流贯通衔接，深入"教学管理创新、教师素养提升、课程体系重构、高效课堂探索、作业考试改革、教研创新赋能"六大行动，开展"七说"教学论坛，为学校教师专业发展搭舞台、赋能量。建立健全涵盖规划发展、考核绩效、干部培养等 14 项制度，完善教师发展支持保障体系，促进教师成长成才。现已培养省特级教师、齐鲁名校长培养工程人选 1 人，市名校长 2 人，市优秀教师、骨干班主任共 27 人。名师带动，示范引领，全镇教师比学赶帮超蔚然成风，在全县教师素质考核、各类业务比赛和教育教学质量综合评价中走在了前列，中心学校交出了一份赋能乡村教师发展的满意答卷。

张海珍校长参与齐鲁名校长名班主任建设工程（2022—2025）集中培训（右三）

### 三、乡土实践，释放天性

办好乡村教育，不仅要在弥补乡村教育短板上下功夫，还要在挖掘乡村特色教育资源上费心思，让"乡土味"成为乡村教育的独特优势。中心学校引导和鼓励各学校开辟实践教学基地，在田间、大棚、果园、养殖场、农贸市场等开展丰富多彩的实践教学，让学生走出教室，走进田园，展开翅膀，放飞想象，做接地气的乡村教育，培养具有乡土情怀、立志学成奉献家乡的学生。

何以中国？乡土中国。中华民族起自部落，兴于乡村。乡土是我们文化的根基与源流。随着社会发展，当一代一代人离开乡土，文化之根趋于颓弱，更需要我们教育人重新寻找乡土中国里的力量，就这一点而言，乡村学校有着得天独厚的优势。

乡村不是"包袱""短板"，而是"特色""优势"。翟王镇中心学校一班人深刻理解乡村教育与乡村实践的辩证关系，明确乡村教育离不开乡土实践，二者相辅相成、相互促进，否则，乡村教育则称为无本之木，无源之水。始终密切联系乡村人口结构和生产生活实际，逐步探索建立乡村家校社共育有效机制，打造出具有现代乡村特色的全环境育人新模式，打通了乡村教育与社区、家庭的"最后 1 公里"。

学校开展乡村特色教育资源调查，组织一批骨干教师设计开发跨学科主题式游走乡村文化综合实践课程。此外，学校附近的雹泉庙村史馆、花卉基地、蔬菜大棚、电商产业园、集市、大大4小小的超市等都被利用起来，使其成为学生社会实践基地。一批又一批学生投身乡土实践，用心搜集资料，精心整理信息，不少学生还自告奋勇争当讲解员，用书本中的知识为生活服务，真正做到知行合一。在乡土实践中学生萌发出家国情怀和振兴乡村的责任感。当了解到农业基地销路不畅时，学生们踊跃为基地出点子、想办法、做方案，不仅成为参与乡村振兴的一分子，更成为乡村发展的代言人。基地负责人在收到学生们撰写的营销方案后，惊喜地说道："孩子们的方案虽然还不成熟，但为我们优化营销提供了新思路、新方向，真是帮了我们大忙，欢迎大家常来。"目前，学校先后有 36 名学生的综合实践活动作文在学习强国平台和教育杂志上发表，体验式课程体系荣获市优秀课程案例评选二等奖，特色乡土实践成效明显，受益匪浅。

学生参与乡土实践

如今，学校的中小学、幼儿园 8 个单位呈现出"八花齐放，香满翟王"的乡镇教育新境界。中学的"手球运动"和"科技创新"活动，多次获国家、省级奖励，已凝练为助力学生自主、自信、自强发展的精神力量；中心小学建成全省面积最大的融合教育实践基地，残疾儿童进入普通学校并有机融合，为每位学生搭配"课程套餐"，为学生个性化学习和特需发展提供了充足的支持；中心幼儿园放大户外资源优势，开发了幼儿自主游戏课程，被评为"滨州市游戏活动实验区"；穆家小学、李桥小学、韩打箔小学分别以"花样篮球操""民间游戏""轮胎多玩"为特色，创建了独具特色的活动品牌，打造了低龄段儿童强身健体、启智赋能的活力平台；明德园"小幼衔接"课程，助力幼儿在学前与小学生活无缝过渡。

　　文化是魂，赋能是本，实践是根，三者相通相融、有机统一。翟王镇中心学校在文化聚魂、赋能教师和乡土实践中大胆创新，积极探索，成果突出，成效显著。他们以坚持做有根有魂有品的乡村教育，回应了乡亲望子成龙的期盼和村娃渴望美好未来的梦想，开创了乡村教育振兴新局面。学校将持续完善工作模式，提升教育教学质量，打造山东"强镇筑基"乡村教育高质量发展生动样板。

# 乡村学校"清源文化"的探索实践与成效

——山东省基础教育乡村教育振兴学术论坛暨经验交流会典型材料

## 一、学校简介

翟王镇中心学校位于滨州市阳信县城西南，总面积 66.8 平方公里，辖 6 个工作片，39 个行政村，总人口 4.1 万。我们镇以农业为主，经济相对薄弱。但民风淳朴，文化资源丰富，教育在全县居于先进水平。

我们认为很值得骄傲的地方，就是我们建成了镇级教育园区，这在我们阳信县是唯一的。据了解，镇一级的教育园区在全省乃至全国也是比较少的。园区于 2014 年按省级标准化学校建设标准规划设计，2015 年开工建设，2018 年正式投入使用。园区总占地面积 200 余亩，总建筑面积 44000 余平方米，共有教学楼 5 栋，办公实验楼 3 栋，能容纳男、女生各 500 人的学生公寓 2 栋，容纳 2000 人同时就餐的餐厅 1 栋，餐厅附带 2900 平方米报告厅，室内体育馆 1 个，安置教师 48 户的宿舍楼 3 栋，高标准 400 米跑道塑胶运动场 1 个。其中 12 栋校园建筑及运动场为 2015 年以来建成新增建筑，面积 31920.48 平方米，新投资 8000 余万元。自 2018 年 9 月起，全镇 3-9 年级及镇驻地 1-2 年级学生、学前幼儿都集中到了教育园区上学。现有 59 个教学班，203 名教职工，2634 名学生，使用校车 13 辆。初中最大班额 50 人，小学高年级最大班额 45 人，低年级最大班额 39 人。

教育园区建设，整合优化了镇域教育资源，实现了资源效能最大化，办学条件和教育教学质量实现了从量到质的大幅提升，缩小了城乡差距，解决了"大班额"顽疾，农村儿童享受更加优质的教育，实现了真正意义上的教育公平。

## 二、工作成绩

1.文化立校，文以化人，实现学校品质提升

习近平总书记指出，文化是教育的血脉和灵魂。我们紧密联系本地实际，汲取中华优秀传统文化精髓，从朱熹的"问渠哪得清如许，为有源头活水来"中，提取"清源"二字，作为学校文化内核，构建了"清源文化"体系。"清源"寓意源清流洁，是贤能才智之源，有追根求源之意。我们将"清源文化"贯穿于各项工作中，整体上提升了教育品质。走进翟王的每一所学校，都透射出浓郁的文化芳香，每一位学生、每一位教育工作者都展示出一种文质彬彬、温润儒雅的特殊气质。

2.扭住关键，文化赋能，助推教师素养发展

教师是乡村教育高质量发展的关键。我们采取了两大举措：一是文化筑魂。以"清源文化"引领教师凝心聚魂。通过组织全体教师学习习近平总书记重要讲话和党的十八大、十九大、二十大精神，学习于漪、张桂梅等优秀教师的事迹，现场参观红色教育基地等，净化教师心灵。我们开展"讲好自己的教育故事"活动，结集出版教育叙事集《点亮心灯》，让师生有了更强的向心力、凝聚力。二是专业提升。"清源文化"遵规律，正源头，忌浮躁。我们组建了"幼-小-初教师教研共同体"，促进实现三学段教学研究和教师专业发展的有效衔接；我们开展"教学管理创新、教师素养提升、课程体系重构、高效课堂探索、实施作业改革、教研创新赋能"六大教学改革行动，推动教师专业成长；我们健全涵盖规划发展、绩效考核、干部培养等14项制度，完善教师发展支持体系。现已培养省特级教师1人、市名校长2人、市优秀教师、骨干班主任共27人。

3.亲近乡土，躬身实践，培育学生核心素养

乡村有着丰富且无法替代的教育资源。我们在抓好国家课程的基础上，探索建立了游走乡村文化跨学科主题式综合实践课程，茀泉庙村史馆、花卉基地、蔬菜大棚、电商产业园、集市、超市等，都成为学生劳动实践和生活

体验的基地。学生在这里劳动实践、搜集信息、感悟劳模精神、做讲解员、为营销出点子，成了乡村发展代言人。先后有 36 名学生的综合实践活动作文在学习强国平台和教育杂志上发表。形成的体验式课程体系荣获市课程评选二等奖。

翟王镇学区悦耕园劳动实践基地

历经艰辛，必有收获。近五年来，在全市教育质量监测中，小学的劳动教育、身心健康、艺术素养成绩分别高出全市平均分 41.3、25.7、15.94 个百分点，初中连续三年被评为全县教学工作先进单位。2023 年 7 月群众满意度测评 99.67 分，居全市乡镇第一名。学校集体先后荣获全国校园足球特色学校等 16 项国家级荣誉称号，荣获山东省首批随班就读示范校等 13 项省级荣誉称号。作为全县唯一乡镇入选山东省第三批教育强镇筑基试点单位。

## 三、实际问题

审视翟王镇教育，回眸"清源文化"的发展历程，存在的问题和困难很多。

1.城市化进程等现实原因

生源，特别是优质生源逐步减少，造成高质量、内涵发展的高难度，随之而来的就出现了校长难干、老师难教、学生难学的"三难"境地；出现了看起来各个学校、校长、老师、职工，包括门卫师傅都很忙、很忙，一刻不停地忙，但是，仍然收效甚微。

2.农村学生家长对教育公平、优质均衡的要求越来越高

随着家长受教育程度的提高、思想观念的解放，学生家长对教育公平、优质均衡有了更高的要求。问题集中在办学条件类，比如教室是否安装了空调、热水器等；其次是教学质量类，家长总是看着别人家的孩子好，总觉得自家孩子学习成绩不好，这都是老师、学校的责任。

3.乡村学校未来发展的道路怎么走

以翟王镇为例。2023年翟王教育综合督导评估乡镇第一名，成绩难能可贵，试问，2024、2025甚至更长时间，翟王镇教育是否能够保持稳定、可持续的优秀业绩？我问了五六个单位的干部，答案一致，不一定，不好说，不确定。

乡镇学校的干部、老师都处于着急、焦虑、困惑、疑惑、担心……之中，这一切的背后都是什么原因呢？

在以上三个极其现实的"拦路虎"面前，咱们是等还是进、是守还是变、是让还是争？

我们的选择是"进"——不进则退；

我们的选择是"变"——变化永恒；

我们的选择是"争"——普遍规律；

天地之大，大于苍穹。天地之小，小于几席。困难面前，能屈能伸乃大丈夫也。

进、变、争……这些也是清源文化的重要组成部分，所有问题背后的原因只有一个——教育之道，即文化的建构与实践问题。

## 四、探究原因

1.乡村文化的缺失——无"根"的孩子

我的童年：小伙伴、小石子、小树林；小画书、小石板、小蒲鞋；挤在邻居家里看电视、露天电影、戏台上的演出；扭秧歌、踩高跷、跑马灯……

以上这些是不是文化？这也是文化，而且是乡村独特、自然、淳朴的文化符号，尽管有些艰苦，但是精神上很富有。

而今天，乡村孩子的童年是啥样的呢？

生活在乡村并不与乡村亲近；看不起劳动以及劳动人民；感受不到乡村文化沁润，又不是城市文化少年，无奈与自卑。

电视传媒以及各种以城市为中心的外来价值的渗透，比如追星、羡慕网红……

父母缺席，缺乏陪伴，学生厌学、打架斗殴，甚至走上犯罪的道路。

孩子无"根"，精神匮乏。家庭无"根"，幸福不在。学校无"根"，片面教育。乡村无"根"，空心之地。

2.家庭文化的缺失——过度焦虑的家长

城镇化发展催生了新农村建设，也催生了农民的分化转型。农民进城打工、挣钱买车买房、送孩子到城区上学成了当下农村家庭的系列工程。孩子由爷爷奶奶抚养，隔辈照顾成了家庭生活的主流，家庭文化环境和氛围贫乏。很多孩子，也恰恰因为留守养造成习惯差、学习成绩差、生活状态差。久而久之，恶性循环，家长过度焦虑，特别容易形成家校对立的不良局面。调和家校矛盾成了当前乡村教育干部的一项艰巨任务。

3.教育文化的缺失——患得患失的学校

就教育内部来讲，有五种异化现象，一是片面升学率，教育缺根少魂。二是教学与生产生活实践脱钩，对教育质量的追求仅仅局限于课堂45分钟，学习内容局限于书本等。三是不管啥指标都与城区相比，而失去了农村学校应该有的样子。四是大量撤点并校，乡村学校越来越少，与当地社会的联结越来越弱。五是教师年龄结构、学科结构均不合理，中老年教师比例达82.37%，青年教师进不来，或者来了三五年就离开，都使得乡村学校缺乏"源头活水"注入。学校在应对以上各种复杂的问题时，很多时候缺乏文化定力，患得患失，拿不起放不下。

总之，社会需要文化的土壤，教育更加如此。一种教育必须要有相应文化背景的全面滋养，需要本土文化的悉心呵护，那才是全方位滋养一个人的精神生命、发育人生各种细微情感的沃土。乡村儿童不仅仅生活在教师、课堂、书本所构成的知识生活之中，而且同时生活在乡村社会生活秩序与乡村文化底蕴无时无刻的渗透之中。

因此，我们必须清楚的认识到，振兴乡村教育的关键还是在于教育之道，即建构新时代学校文化理念，切实转变乡村教育发展的不良生态。

## 五、思路与对策

几年来，我们推荐"清源文化"建设，坚定正本清源谋发展决心、推动实现乡村教育优质发展。实践证明，"清源文化"在学校教育教学管理中的引领作用是巨大的，在师生队伍中所产生的向心力、凝聚力是强大的。

1.凝炼文化理念，发挥园区优势，构建贯通式育人新场域

我们把"清源"文化渗透涵盖三个学段，寓养成教育于日常校园常规行为，寓学科教学于生活真实情境，寓价值引领于乡土文化浸润，让每位学生求真、向善、臻美。依据园区地理位置和教育功能，划分为九大学园，构建十二年贯通式的多生态的育人场景。学前教育在青葵学园，小学和初中分别在明德、六艺、武德、不语、乐融、衔土、小成、大成学园，各学园课程内容从高度、广度、深度等维度在不同年级的场景实践中螺旋上升，交错融通。学前侧重于培育"真之源"，守望童真，呵护童心，培育童趣；小学侧重于培育"善之源"，"日行一善，善行一生"，心地仁爱、善良敦厚、知行合

一；初中侧重于培育"美之源"，营造大美之境，培育大美之心，培养大美之人，为美丽乡村建设储备人才。

多生态的育人场景构建，不仅打通三个学段的物理墙体，更重要的是在"清源"文化引领下，"清源守正、文化重塑、贯通一体"的做法，提升了全镇教育干部和师生的文化境界，全镇教育精神面貌焕然一新。

2.着眼未来需要，勇于打破瓶颈，建设优质乡村教育新体系

针对乡村学校教育教学观念迭代更新缓慢，"应试教育"思想仍然存在的现象，与班子成员一道走遍所有学校深入调研，制定了《阳信县翟王镇学区中长期教育改革发展规划纲要（2020-2030）》，从落实乡村振兴战略为切入点，提出打造鲁北地区优质乡村学校的发展愿景，为积极探索新时代乡村学校发展之路，为镇域教育可持续发展明确了方向。勇于打破发展瓶颈，推进"强镇筑基·人才工程"行动，激活教师队伍活力；针对生源薄弱，实施学生"低进高出"教学改革创新行动，让每一个孩子都进步；探索校家社新生态建设，加强互动、沟通，打造协同育人新格局，满足家长对教育的需求和高期待。通过建设"教师—学生—家长三位一体"的优质乡村教育新体系，切实推进高质量发展。

3.建立一校一品，打造教育特色，提升乡镇教育发展新境界

根据翟王镇学区中长期教育改革发展规划纲要,扎实推进学校品牌建设,打造"一校一品"教育特色。全镇中小学、幼儿园共八个单位呈现出了"八花齐放，香满翟王"的乡镇教育新境界。中学的"手球运动"和"科技创新"课程项目，多次获国家、省级奖励，已凝练为助力学生自主、自信、自强发展的精神力量；中心小学建成全省面积最大的"融合教育"课程实践基地，残疾儿童进入普通学校并有机融合，为每位学生搭配可供选择的"课程套餐"，为学生个性化学习和特需发展提供了充足的支持；中心幼儿园放大户外资源优势，开发了"幼儿自主游戏"课程，争创"滨州市游戏活动实验区"；穆家小学、李桥小学、韩打箔小学分别以"花样篮球操""民间游戏""轮胎多玩"课程为特色，创建独具特色的活动品牌，打造低龄段儿童强身健体、

启智赋能的活力平台；明德园"小幼衔接"课程，助力幼儿在学前一年与小学生活无痕过渡。特色教育品牌助推了学生德智体美劳全面发展和个性和谐成长。

民间游戏嗨翻校园

## 六、对乡村教育的建议

反思我们的探索、实践和体会，从推进乡村教育振兴工作中遇到的一些实际问题和困难出发，对乡村教育提出如下几点建议：

1.有好政策，更要有真落实

当前党和国家、各级党委政府支持乡村教育振兴的政策都非常好，但一些地方在落实中还存在"最后一公里"问题，需要采取更加接地气的具体措施，既要把各项好政策宣传好、更要落实好。

2.当前乡村教育亟须的主要不是资金，是人才

高学历不等于高水平。当前"内卷""职业倦怠""躺平""事不关己高高挂起"等现象较为普遍。乡村学校教育管理干部、校长、教师的师德修养、职业精神和专业素养都亟需提升，还要解决好新分配青年教师留得住、

159

能胜任、爱岗位的问题。

3.加强多元联结，成立乡村学校联盟，抱团突围

还要向国家级教学成果奖特等奖获得者、南京市浦口区行知小学杨瑞清校长等优秀教育前辈学习，少走弯路，推动乡村学校快速优质发展。

上世纪二三十年代，陶行知，晏阳初、梁漱溟等人倡导的平民教育运动和乡村教育运动，都从他们信奉的社会立项和对未来中国的美好期望出发，把乡村学校建设与乡村文化、生活和社会的改造结合起来。如今，时间过去了将近百年，乡村振兴已经成为举国体制下的国家行动。党的二十大确定了教育、科技、人才三位一体推进高质量发展的战略布局，将教育在国家现代化建设中的地位提升至前所未有的高度。教育现代化的短板和难点在乡村教育和乡村学校，乡村学校关系到 5000 多万农民子弟的成长发展，各位同仁，让咱们一起挑起担子，大步向前！

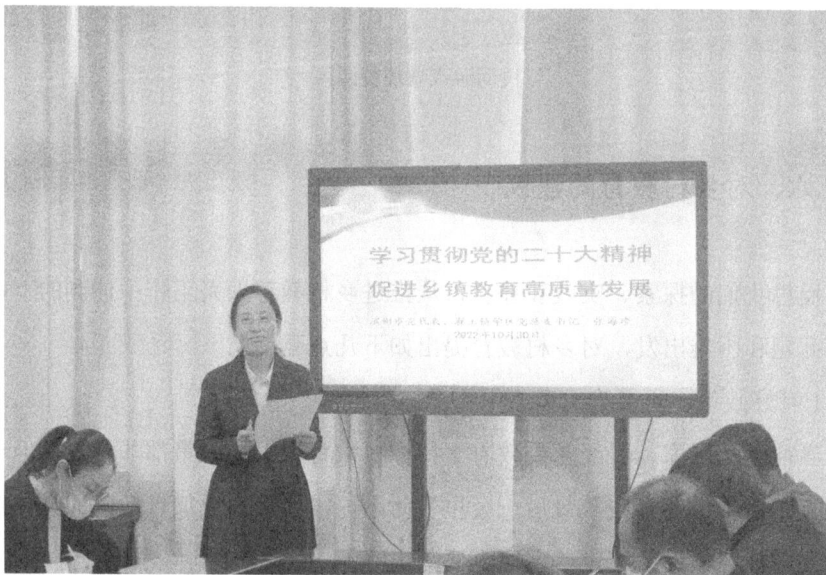

张海珍校长带领教师学习贯彻党的二十大精神

# 一张蓝图绘到底　强镇筑基富民生

——滨州市阳信县翟王镇教育强镇筑基纪实

## 鲁北优美教育园

在有"蔬菜花卉之乡"美誉的阳信县翟王镇，有一个绿树掩映、楼房栉比、整洁宽敞、书香浓郁的美丽校园，这就是远近闻名的阳信县翟王镇教育园区。园区按省级标准化学校和幼、小、初三段一体化整体设计，占地二百余亩，总建筑面积44000余平方米，总投资1.2亿元。现有52个教学班，224名教职工，1699名小学生，600名初中生、300余名幼儿。园区的建设适应了翟王镇经济社会发展的需要，整合集中了优质教育资源，全面改善了办学条件，各学段教育质量大幅提升，进入全县先进行列，促进了乡村教育优质均衡发展，实现了人民群众"上好学"的愿望。

## 一张蓝图绘到底

翟王镇教育园区的建设，得益于县镇历届党委政府和教育主管部门认真贯彻党中央国务院关于乡村振兴的重大决策部署，高度重视乡村教育振兴，戮力办好人民满意的教育，一张蓝图绘到底，一任接着一任干，积沙成塔，积水成河。早在2009年，时任翟王镇党委书记雷玉华、镇长朱庆林、副书记刘兆忠、学区主任齐希武，在一片荒凉的杂草地上，勾画出了翟王镇教育园区的"草图"，并制定了分步实施的计划，并启动了一期建校工程。针对翟王镇经济基础和教育资源相对薄弱的现状，接任翟王镇党委书记的赵玉福，主动与教体局局长王玉军、学区主任齐希武对接，一起商讨如何把"蓝图"尽快变为现实。随后，接任的各位镇党委书记、教育局长、学区主任等，他们立足实际，着眼未来，在充分调研论证基础上，把教育园区建设推进到一个新阶段。

## 园区建设再升级

2012 年，《滨州市学前教育三年行动计划（2011-2013）》正式发布，在县镇两级领导的大力支持下，教育园区按照有关标准和要求，全面规范和提升中心幼儿园办学水平，成为滨州市第一个在学前教育三年行动计划中建成的省级标准化乡镇中心幼儿园。

2015 年始，山东省开展解决中小学大班额行动，给正在升级改造中的教育园区又一次注入政策红利。教学楼、实验楼、教师学生公寓楼、餐厅，报告厅，室内体育馆等 12 座校园建筑拔地而起，高标准塑胶运动场建成启用，管理水平、师资力量、校园文化以及绿化、美化、净化和硬化等全面升级。2018 年 9 月 3 日开学的第一天，13 辆崭新的校车，载着全镇 89 个行政村的上万个家庭的期盼和梦想，和着乡村孩子们欢快的笑声，奔驰在田间道路上。教育园区成为老百姓家门口一道最靓丽的风景，心头一抹绚烂的彩虹。

十几年来，从雷玉华、朱庆林、赵玉福到杨涛、王兆佩，从王玉军、郑景华、刘兆忠到史春国，从齐希武、齐爱军到张海珍。历任书记、局长和学区主任，以"让农村孩子享受优质教育"为己任，以"功成不必在我""功成必定有我"的历史担当，坚持一张蓝图绘到底，一茬接着一茬干。在园区规划、征地、资金、协调、建设，尤其在丰富教育内涵、提高育人质量方面，倾注了大量的心血和汗水。

## 内涵提质再扬帆

习近平总书记重要讲话指出，推动城乡义务教育一体化发展，高度重视农村义务教育，努力让每个孩子都能享有公平而有质量的教育。翟王镇教育又发展到了一个新的时代节点上。

2018 年，张海珍调任翟王镇学区主任。

张海珍，中共党员，参加工作以来一直在乡村学校从教和任职，在多个学校和乡镇任校长，先后被评为滨州市优秀教师、滨州市名校长、山东省特级教师、齐鲁名校长培养工程人选，她带着百姓的期盼，带着教体局、镇党委政府"一定要抓好内涵，育好人才，让人民满意"的重托，围绕民生和教育发展需求，依据 SWOT 分析表，做出了《翟王镇学区中长期教育发展规划纲要（2020—2030 年）》，提出了落实乡村振兴战略、构筑乡镇教育高地的育人愿景，依据镇域幼、小、初"全链条式"协同发展的策略，打造出了十二年贯通式多生态育人场景，以国家课程师本化、地方课程校本化、校本课程乡土化实施为抓手，构建起了以"融合·运动·科创"为特色的德智体美劳全面发展的育人体系，探索出了一条适合农村学校实施高质量育人的新路径，把翟王镇教育蓝图描绘的更加绚烂多彩。

1.发挥园区优势

依据园区地理位置和教育功能，划分为九大学园，构建了十二年贯通式的多生态的育人场景，称之为"横向切块"课程体系。学前教育在青葵学园，小学和初中分别在明德、六艺、武德、不语、乐融、衔土、小成、大成学园，各学园课程内容从高度、广度、深度等维度在不同年级的场景实践中螺旋上升，交错融通。根据幼小初三学段的课程内容，我们进行了从学前教育的科学、语言、体育、艺术、健康"五域"到义务教育阶段的德智体美劳"五育"进行了纵向的有机衔接课程的探索，称之为"纵向分段"课程体系。以阅读教学为例进行三段一体化课程的实施，比如教学《一园青菜成了精》学前段和小学低段，重点培养孩子们的阅读兴趣和正确的阅读习惯，他们读绘本、制绘本。小学高段是经典阅读专题的起始阶段，他们开始创作剧本，初中阶段是经典专题阅读的提高阶段，开始以四大名著为主题的阅读、欣赏和表演，高中就是小说阅读的深化阶段，开始对人生、价值观有自己的感悟和心得。不管是

"横向切块"还是"纵向分段"最终都通过在地化、一体化、立体化的思维模式构建，指向学生的全面发展和个性成长，让每个孩子都成为最好的自己。

立足乡土，做有根有魂的教育。引用朱熹《观书有感》中的"清源"二字，作为学校文化核心价值观。在"清源"文化引领下，学前侧重于培育"真之源"，守望童真，呵护童心，培育童趣；小学侧重于培育"善之源"，"日行一善，善行一生"，心地仁爱、善良敦厚、知行合一；初中侧重于培育"美之源"，营造大美之境，培育大美之心，培养大美之人，为美丽乡村建设储备人才。多生态的育人场景构建，不仅打通了三个学段的物理墙体，更重要的是"清源守正、文化重塑、贯通一体"的做法，提升了教育干部和师生的思想境界，精神面貌焕然一新。

2.建成优质乡村教育新体系

通过深入调研，制定了《阳信县翟王镇学区中长期教育改革发展规划纲（2020—2030）》，从落实乡村振兴战略为切入点，提出打造鲁北地区优质乡村学校的目标，确立"培养乐学善思、活力四射、融入社会，具有学习力、生活力、创新力的新时代儿童少年"的办学愿景，为积极探索新时代乡村学校发展之路，为镇域教育可持续发展明确了方向。推进"强镇筑基·人才工程"行动，激活教师队伍活力。一是以强力推进"强课提质"行动为契机，成立了"幼—小—初"教师教研共同体，促进园区内教师共学、共研、共享、共进。二是重点突出教学管理创新、教师素养提升、课程体系重构、高效课堂探索、开展作业改革、教研创新赋能等"六大"教学改革行动，开展"说课标、说教材、说教法"等主题式教研活动，为教师专业成长搭建了探讨与交流的平台，引导教师深耕课堂。三是健全涵盖规划发展、考核绩效、人才培养、教学教研等14项制度，完善教师发展支持体系。四是探索跨学科主题式游走乡村文化综合实践课程。雹泉庙村史馆、花卉基地、蔬菜大棚、电商产业园、大大小小的超市等，都成为了学生社区实践活动基地。学生搜集资料、整理信息、做讲解员、感悟英雄精神；尝试为各个基地营销出点子，做策划案。学生成了乡镇发展的一员，成了乡村发展的代言人，培育了学生的核心素养，厚植了学生的家国情怀。五是开展有温度的感染行动。即针对农村隔代照顾的家庭教育中的不足，把学校的各种场馆、课堂、课后服务、心理咨询中心、特殊教育资源基地、新时代好少年培根中心（全省第一个铸牢中华民族共同体意识教育学校基地）等都面向家长开放，同时，把教育的各个领域的活动编辑成视频，定期输出，向全镇家长开放，外地打工的孩子父母能够在"云端"了解学校服务项目，更好的配合学校做好子女的全面发展的教育，密切家校合作，让学生幸福、快乐、健康成长。

3.学本教学改革初见成效

阳信县教体局于 2020 年底引进重庆市龚雄飞校长的学本教学改革项目，翟王镇学区勇于打破传统机械的教学观念和方法，率先为师生"减负增效"。出台《翟王镇学区减负提质增效实施方案》。以"学本教学"理论为指导，全面推进各学段课堂教学改革，打造"学本式卓越课堂"。中学和小学分别以"五环式课堂"和"4+N 高效课堂模式的研究"为基本范式，全面铺开，均在滨州市教科院举办的高效课堂模式评比中获奖。中小学还加大作业改革力度，制定了学科课外作业设计和优质作业共享机制。2019 年，中学作为全市唯一的乡镇学校在滨州市义务教育作业教学改革成果交流会上作专题发言《快乐作业　分享快乐》。2022 年下半年，翟王镇学区教师参加县级比赛，斩获县级荣誉 35 人次，另有 3 名教师被推荐代表县参加市级比赛。2023 年县级及以上教学能手、基础教育学科带头人、教坛新星、"三名工程"等骨干教师比例再次提升 8.25 个百分点。

翟王镇中心小学学本教学课堂

4.打造镇村一体化教育特色

根据翟王镇学区中长期教育改革发展规划纲要,扎实推进学校品牌建设,打造"一校一品"启动"园区+村小"的镇村一体化建设工程。根据各单位的优势和特色,园区单位分别与村小结对子,形成"共研共进"机制,定期开展师生交流、展示活动。目前全镇中小学、幼儿园共八个单位呈现出了"八花齐放,香满翟王"的乡镇教育新境界。中学的"手球运动"和"科技创新"活动,多次获国家、省级奖励,已凝练为助力学生自主、自信、自强发展的精神力量;中心小学建成面积为500平方米的特殊教育资源基地,残疾儿童进入普通班级并有机融合,建立一生一案,挖掘特长,培树典型,为每位学生搭配"课程套餐",为学生个性化学习和特需发展提供了充足的支持;中心幼儿园放大户外资源优势,开发了以"野趣"为主题的幼儿自主游戏课程;穆家小学、李桥小学、韩打箔小学分别以"花样篮球操""民间游戏""轮胎多玩"为特色;粉刘幼儿园创建了"1+X"领域融合绘本阅读实验研究,各单位创建了独具特色的活动品牌,打造了低龄段儿童强身健体、启智赋能的活力平台；明德园"小幼衔接"课程试验区，助力幼儿在学前与小学生活无痕过渡。"镇村一体化"策略实施的特色教育品牌建设助推了学生德智体美劳全面发展和个性和谐成长。

轮胎多玩课程

5.教育质量稳步提升

历经艰辛，必有收获。2023 年 2 月，翟王镇成功入选山东省第三批教育强镇筑基试点单位，获得 150 万元学校发展支持资金。既改善了办学条件，重建学校管理架构，又深入探索了在地化课程实践的新思路、新方法，幼小初三段从"五域"到"五育"的全链条式发展有了新的突破。2023 年 7 月份滨州市群众满意度测评翟王镇获得全市乡镇第一名的好成绩。7 月 27-31 日，承办了滨州市第二十届手球项目运动会，来自全市 500 余名手球运动员齐聚翟王，加强交流和沟通，共同成长。10 月 28 日，张海珍代表滨州市参加山东省基础教育乡村学校论坛做主论坛发言《探索乡村教育高质量发展的源头活水》，受到与会领导和兄弟单位的赞同。该镇总结近几年来的经验和做法，由 52 位一线老师共同创作的编著《新乡村教育：让乡村孩子享受优质教育的实践与探索》已正式出版。2023 年 12 月，依据张海珍任职校长 20 年的教学成果撰写的《一心五举：乡村学校转弱为优实现高质量发展的 20 年创新与实践》荣获滨州市二等奖，也是该县唯一的乡镇获奖。

2023 年 11 月 22 日，来自广西、青海、云南、浙江、四川等中国十省区的优秀乡村校长代表参访翟王镇教育，对翟王镇教育的布局、理念、文化、课程、实施路径以及取得的优异成绩给予充分肯定和赞扬。2024 年 3 月 14 日，滨州市教育局牵头，来自各个县区的教育局领导和中小学校长、幼儿园园长代表 80 多人来该镇交流、参观，对于该镇在十几年来的园区化建设和高质量、内涵式发展取得的突出业绩赞不绝口。幼小初三学段螺旋上升的全链条发展模式成效明显，被省市督导专家称为"最美丽的乡村学校"。

翟王镇中学提出了"打造幸福教育，让每个生命绽放光彩"的育人目标，连续五年被评为阳信县教学工作先进单位，教育教学工作稳居全县乡镇第一方阵。先后获得山东省科普教育示范校，获得 15 万元科创活动资金；山东省体育传统项目学校（手球）、全国手球推广示范校、全国手球传统学校等多项荣誉称号。2022 年 4 月成为全国"科创筑梦"助力'双减'科普行动"试点单位，2023 年 4 月，荣获全国"科创筑梦"助力'双减'科普行动"优秀单位。2024 年 2 月，荣获山东省星级图书馆荣誉称号。

翟王镇中心小学提出了"清源守正　真善美行"的育人目标，让每一个生命，都值得被爱照见，被全国养成教育课题组评为"全国养成教育实验学校"，先后获得"全国青少年校园足球特色学校""全国手球推广学校"，教育部"第十二批数学文化实验学校""山东省绿色校园""山东省首批随班就读示范学校""山东省红领巾奖章四星章集体"等荣誉称号。在滨州市2019—2020 学年教育质量监测中，小学的劳动教育、身心健康、艺术素养成绩分别高出全市平均分 23.4、17.79、10.22 个百分点。

翟王镇中心幼儿园遵循"游戏·健康·快乐·成长"的教育原则，提出了"爱·智·野·趣"的办园思想，打造了"三园三化五域"教育模式，实现了幼儿在"语言、社会、健康、科学、艺术"五大领域的自然发展，构建了"天性自然、乐享游戏、快乐学习、和谐发展"的办园特色。幼儿园被评为"山东省示范化幼儿园""山东省户外游戏特色幼儿园""山东省卫生先进单位""滨州市平安和谐校园""滨州市自主游戏实验区"等。

## 园区未来更美好

翟王镇学区一班人和广大教育工作者，始终牢记"为党育人为国育才"使命，始终牢记4万翟王镇老百姓的期盼，始终把办高质量的乡村教育放在第一位，按照《翟王镇学区中长期教育发展规划纲要（2020—2030年）》和"两年一段五步走"既定方略，稳中有进，锐意改革，推动全镇教育不断跃上新台阶，实现翟王教育全面振兴，打造鲁北乡村教育特色名片。

翟王镇教育园区奋进担当、高效实干的教育干部队伍，统筹规划翟王教育新发展，打造鲁北地区优质乡镇教育高地

路虽远，行则将至；事虽难，做则可成。

# 主要参考文献

[1]王道俊，郭文安.教育学（第七版）.北京：人民教育出版社，2016.

[2]汤敏.慕课革命：互联网如何变革教育.北京：中信出版社，2015.

[3][美]费雷德里克·温斯洛·泰勒.科学管理原理.马风才，译.北京：机械工业出版社，2013.

[4]崔小屹，韩青.用数据说话：大数据时代的管理实践.北京：北京大学出版社，2013.

[5]萧宗六.学校管理学（第四版）.北京：人民教育出版社，2008.

[6]郭晓科.大数据.北京：清华大学出版社，2013.

[7]褚宏启，张新平.教育管理学教程.北京：北京师范大学出版社，2013.

[8]沈道波.关于教育管理人性化的探讨.才智，2019(33)：178.

[9]赵智钢.创新教育与教育管理体制的研究.才智，2019(33)：37.

[10]杨文泰.新课改理念下的小学教育管理研究.课程教育研究，2019(47)：202-203.

[11]夏瑞琛.教育管理信息化新发展：走向智慧管理研究.学周刊，2019(34)：191.